学习理论指导下的整体性教学

张智慧 / 著

辽宁大学出版社
Liaoning University Press

图书在版编目（CIP）数据

学习理论指导下的整体性教学/张智慧著. 一沈阳：
辽宁大学出版社，2021.10
ISBN 978-7-5698-0374-7

Ⅰ.①学… Ⅱ.①张… Ⅲ.①中学数学课－教学研究
Ⅳ.①G633.602

中国版本图书馆 CIP 数据核字（2021）第 111483 号

学习理论指导下的整体性教学
XUEXI LILUN ZHIDAO XIA DE ZHENGTIXING JIAOXUE

出 版 者：辽宁大学出版社有限责任公司
（地址：沈阳市皇姑区崇山中路 66 号 邮政编码：110036）
印 刷 者：北京米乐印刷有限公司
发 行 者：辽宁大学出版社有限责任公司
幅面尺寸：170mm×240mm
印 张：11
字 数：190 千字
出版时间：2021 年 10 月第 1 版
印刷时间：2021 年 10 月第 1 次印刷
责任编辑：李珊珊
封面设计：徐澄玥
责任校对：于盈盈

书 号：ISBN 978-7-5698-0374-7
定 价：45.00 元

联系电话：024-86864613
邮购热线：024-86830665
网 址：http://press.lnu.edu.cn
电子邮件：lnupress@vip.163.com

2017 年，我在聆听讲座时接触了深度学习的概念，我一下子意识到，虽然"教是为了学"这个理念我早已知道并自认为一直在实践，但我却并没有认真思考过学生是怎样学习的，科学地学习数学的途径是什么。

为了回答以上问题，我决定回归到问题的本源进行研究，也就是去探寻"人们是如何学习的？""数学学习的心理过程是什么？"。在研究的过程中，我看到了《我们如何学习：全视角学习理论》这本关于学习的著作。这本著作不仅仅包含着关于学习的各个经典及最新的研究成果，更重要的是，这本著作对学习的认识突破了认知这样一个狭窄领域，从多个角度解释了本就复杂的学习过程。这也恰恰和我已建立起来的、还有些模糊的、关于教学的价值取向相一致。于是我如饥似渴地投入到对这本书的学习中。通过学习，我了解了关于学习的各个经典理论及主张，建构了较为全面的对学习的理解，再次坚定了学习应源于认知，但学习绝不应局限于认知的主张，找到了通过学习实现立德树人的理论支撑和实现方向。之后，我又研究了有意义学习的相关理论，以此解决如何更好地"认知"这一问题。同时我也惊奇地发现，有意义学习理论的发展也是一个不断拓展学习内涵的过程，因为罗杰斯的有意义学习较奥苏贝尔的有意义学习有更为丰富的内涵，也将对学习的认知拓展到了全视角学习主张的维度。我学习了 ICAP 学习方式分类学，这个理论将学习的内在加工与外在表现连接起来，为教学设计、教学研究，尤其是教学评价提供了新的思路与理论支撑。学习了深度学习理论及我国关于学习领域的最新的研究成果之后，我将注意力放回至数学，又学习了《数学教育心理学》，以此解开我心中关于"学生是如何学习数学的？""怎样的方式是科学地学习数学的方式？"的疑惑。除以上图书，我还阅读了其他多种关于学习的图书及大量的学术论文，并将所学综合输出为本书的学习理论部分。

这一理论学习的过程也是我不断探索自我教学方向的过程。我希望可以找到教师教数学、学生学数学的更加高效的方法。我希望学生在学习的过程中能够有更多的收获，如素养的发展、学习能力的提升等。我希望学生能够因为会学数学而感受到数学的价值，从而对数学产生兴趣，继而形成自信心。教师的结构化、整体性教学，无疑可以给出以上问题的答案，这也与《我们如何学习：全视角学习理论》的主张一脉相承。

教学应是多环节的联动，知识应打破孤立、片面的结构而建立广泛的联系，这才是数学学习所应有的基本目标。于是，在理论结合实践的基础上，我选择了整体性教学这个切入点，从整体性认识学习内容、整体性认识学习活动、整体性认识教学评价三个方面对整体性教学进行了建构。其中，在整体性认识教学认识学习内容方面，突出了反思及自反性的重要，这也是要在教学实践中始终坚持的；在整体性认识学习活动方面，突出了学生认知与外在表现的一致性；在整体性认识教学评价方面，突出了评价也应成为继续个性化指导的依据。同时，我试着从整体的角度对数学学习内容进行重新认识与加工。我将以上思考与实践输出为本书的第二部分，即整体性教学部分。

研究的日子虽然累但是充实而有收获，现以我曾经发过的一个朋友圈作为自序的结尾：跳出数学，在一个全新的领域，开启一段艰难的旅程，一杯咖啡，大把时间，投入艰涩的文字，三步一回头中，也会怀疑这样的学习有没有意义。犹犹豫豫中还是决定坚持走下去，因为没有理论支撑，一切将止步于经验。希望理论能拨云见日，带我看到过去坚信的东西是对的，引领我找到未来的方向。

张智慧

2021 年 7 月

第四章　深度学习理论

第五章　整体性教学

第六章　整体性教学设计要始于整体性理解学习内容

第七章　整体设计学习活动

第八章 整体性教学目标与评价

第一章

全视角学习理论

人是如何学习的呢？基于教师视角，这是解决如何教从而实现更好地学的重要研究方向。凭自我感觉，每个人都有对学习的模糊认识，如学习就是学习知识，在校学习就是学习各科知识，可能也有人会说学习就是学习各种经验，有收获就实现了学习，等等。这些是我们对学习的粗略认识。从专业角度来说，学习过程是怎样一个过程呢？怎样的因素可以有效促进学习发生呢？这些问题可以从丹麦的克努兹·伊列雷斯所著的《我们如何学习：全视角学习理论》一书中找到答案。克努兹·伊列雷斯是丹麦心理学博士、丹麦教育大学教授，曾担任丹麦国家学习实验室主任，同时在哈佛大学、哥伦比亚大学、伦敦大学、多伦多大学、哥本哈根大学、奥斯陆大学等30余所世界一流大学担任客座教授。其1999年出版的著作《学习的三个维度》几乎被所有欧美国家大学成人学习、终身学习及教育心理学、学习理论等相关专业列为必读参考书。《我们如何学习：全视角学习理论》一书吸收了当今学习研究领域的最新成果，把有关学习的多角度理论研究有机整合在同一个理论体系中，是一部值得我们认真研读的著作。

第一节　学习的两个过程

在学习中我们的学习是如何发生的呢？而学习的过程又是怎样的呢？全视角学习理论认为，学习包含两个完全不同的过程：一个是互动过程，一个是获得过程。

互动过程是指作为个体的人和环境之间的互动。互动过程发生在我们所有清醒的时间，我们基本能够察觉这个过程——通过这一点，知觉或导向成为学习的一个重要因素。决定互动过程的因素基本上来说具有人际交往以及社会属性，不仅依赖于环境的社会和物质特征，还依赖于时间和空间。基于全视角学习理论，1990年前后才开始出现一些重要的理论成果，指出学习也是一个社会的和互动的理论概念。

对此我们很容易理解，学生的学习绝不是闭门造车的过程，每一个学习都发生在一定的外部环境之中。不同的环境、不同的物质基础、不同的时间投入，不同的学习伙伴甚至不同的教师，这些外部因素在很大程度上都影响着学习的发生，进而影响学习的效果。学生能否感知并且有意愿进行互动是互动能否发生的重要条件。决定互动过程的是社会规范以及参与互动的人之间的人际关系等因素。对于在校学习来说，决定互动的因素在很大程度上是学校的规章制度、办学文化、教师对课堂教学的把控，以及学生之间的相互关系等。

获得过程发生在个体互动所蕴含的冲动和影响之中。通常来说，获得过程突出表现为这样的特征：将新的冲动、影响与相关的早期学习成果连接起来——通过这一点，学习成果获得了它的个人印记。换个角度来说，决定获得过程的因素基本上来说还是具有生理属性的。

获得过程实际上是将新的所学、所感与原有学习成果连接起来的过程。经过这样的过程，学习结果表现为意义建构，或知识收获，或技能发展等。在获得过程中，无论是新的冲动、影响还是原有学习成果都属于内容范畴，在建立联系的过程中，需要心理能量的支撑，这往往属于动机范畴。因此，获得过程包括动机和内容两个要素，我们可以简单理解为分别指向学什么、学习的结果是什么和为什么学的问题。

这一过程是传统心理学关注、研究的领域，也是教师主要关注的部分。对于这一部分的研究，我们已经总结了很多经验。但是，当其被放到一个全视角领域，同时考虑其与互动过程的相互影响时，我们应该可以找到更丰富的视角及更多思路以促进学习的发生。

全视角学习理论将学习描述为由以上两个过程组成的整体，主张这两个过程及双向互动都必须兼顾，才能相互促进产生更好的学习效果。（图1—1）

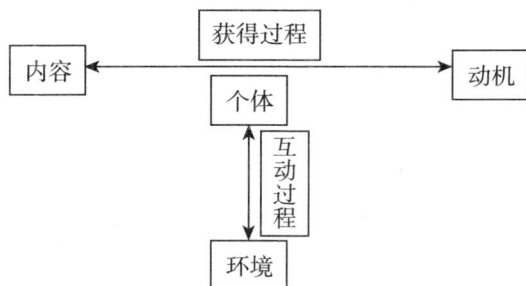

图1—1

第二节　学习的三个维度

　　互动过程是个体与人、环境互动的过程，获得过程包含内容和动机两个非常重要的维度。全视角学习理论提出，内容、动机、互动三者构成了学习非常重要的三个维度，并且主张：所有学习都包含内容、动机、互动三个维度，如果要充分理解和分析一个学习情境，这三个维度必须始终被顾及，如图1－2所示。那么，每一个维度的具体内涵是什么呢？

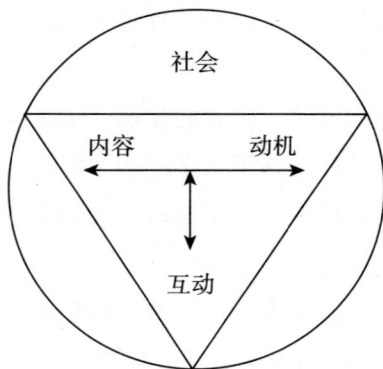

图1－2

　　内容维度是关于我们学习什么的，也就是指学习的内容，是学习者可以通过学习知晓的或理解的内容。全视角学习理论将内容维度的关键词定义为知识、技能和理解，这也是对传统的"知识导向"的回应。知识、技能、理解描述的是学习内容，学习结果又是什么呢？学习结果就是通过内容的学习，学生将得到哪些发展。全视角学习理论认为，通过内容维度的学习，学习者形成了对存在的不同事物的一致性理解，既发展了意义，又发展了能力，从而形成在面对生活中的现实挑战时的一种恰当发挥功能的能力，即机能性。简言之，就是通过学习知识、技能、理解形成了意义、能力及机能性。以上要素共同组成了学习的内容维度。

此外，获得过程还包括动机维度，它涵盖了动力、情绪和意志。这一维度涉及学习所需要的心智能量的运用。我们将自己彻底投入这一运用，以持续地维持我们心智与身体的平衡。在追求新知识或新技能的过程中，这一维度同时发展了我们关于自身和环境的敏感性。

对于这一维度的探讨，既是对学习动机和原动力发展的研究，也是教师最感兴趣的关键环节。我们总是希望将更多的内容教给学生，总是希望学生愿意学习并且有足够的动力学习，总是希望在未来学生都是爱学习、具备终身学习理念的。那么，如何做才能实现对于学生学习原动力的激发呢？我们在对动机维度进行深入探讨的同时紧密结合数学学科特点，这样应该可以帮助我们找到答案和新的思路。

在传统学习心理学研究的内容中，获得过程是相对独立于动机维度的，但全视角学习理论认为，这两个维度是同时存在的，是通过源自个体与环境之间互动过程的冲动，以一种整合性的方式被激活的（涉及反思的内容），而且正像我们所感觉到的那样：不论是愉快的抑或是苦恼的学习的过程都必然伴随心智能量的投入，而所学习到的新的知识和技能，也会不断改变我们的情绪、动机以及意志模式。

内容和动机总是依据某种规律相互作用着，因此要实现学生在学习中发展能力，就需要全面考虑动机和内容两个维度。一味地死学是不现实的，而且采取不符合学生心理年龄特点的高强度、高压力的学习方式，无疑会透支学生的心理能量，使学生丧失宝贵的探索自我、发现自我、成就自我的时机。一味地强调动机，人为地采取方式避免学习有可能带来的任何不良情绪，没有学习内容的辅助以及良好学习习惯的养成，也不利于学生的发展。知识与技能是学生有可能具备创新能力的必备条件和基础，坚毅、执着、乐观、积极等个性品质的培养也离不开在投入学习的过程中养成。

互动维度是学习者与所处环境的交流和联系中非常重要的因素。互动维度的关键词是活动、对话和合作，它们发展了学习者的社会性。社会性是指一种逐渐恰当地卷入和参与人们多种社会互动形式的能力，提升了个体在相应社会情境与共同体中的整合度。

我们可以这样理解，学习过程绝不是单纯个体与知识之间互动的过程，而是学生与学习内容互动及学生与环境互动的过程。学生所处的外部环境及物质、人文条件在很大程度上影响着学习的发生。这也表明学生与外部及与自我建立联系也是学习的内容之一。这样我们对学习的内容维度就有了更广泛的认识。这对于教学来说是非常重要的。立德树人是我国制定的教育的根本目标，立德树人需要在教师引导、组织、开展的学习体验中实现。如果教师把自己对教学内容及学习内容的理解限制在狭窄的学科知识层面上，教学功能自然也只能是知识的学习。因此，要实现立德树人的教育根本目标，首要地，教师要将对学习的理解从学科知识扩展到更广泛的层面，在学校学习情境中充分挖掘各种资源，把握各个教学环节，为学生丰富的学习体验与收获创设条件，这样才可以找到实现学生全面发展的途径。

在个体与学习内容及外部环境互动的过程中，需要知觉及导向发挥作用，需要心理能量的支撑，也就是动机维度发挥功能。我们可以这样理解，动机维度支持了个体与学习内容及外部环境互动的发生，影响了发生程度的大小；并且，在我们培养学生理性精神的同时，来自人类与生俱来的对学习的渴望及强大的学习潜能值得教师重视。而学习过程中过大的压力及过低的动力都将不利于学生的学习。

图 1-2 中的学习三角很好地展示了我们学习的广泛度和多样性，这种具有广泛度和多样性特征的学习满足了它在现代社会作为能力发展的需求。同时，我们可以这样认为，当三个维度都活跃的时候，学习就是一种积极的状态，也就是当下所追求的深度学习的状态。这将在本书第四章继续介绍。

第三节　学习的不同类型

全视角学习理论参考了学习分类学发展过程中的各项研究成果与主张，既包括1900—1979年一直主宰着学习心理学的信号学习及经典条件作用、尝试错误学习和操作忹条件作用，也包括1965年美国心理学家罗伯特·加涅提出的综合分类理论〔这是教师所熟知的理论）及20世纪20年代认知与建构主义的方法，尤其还重点参考了瑞士生物学家及心理学家皮亚杰的观点。该观点重点是从学习的结构层面（如何学习层面）给出了学习分类，总体上该观点认为，在人类已有的认知图式与新的认知图式之间存在两种连接方式，即同化学习和顺应学习。这两种学习方式解释了我们在整个学习过程中的学习是如何在新知识与已有知识之间建立连接的。在综合以上观点的基础上，全视角学习理论给出了以下关于学习方式的分类：累积学习、同化学习、顺应学习及转换学习。

一、累积学习

累积学习发生于这样的环境：学习者并未拥有任何已发展的心智图式，可供来自环境的印象加以关联，即学习者要建立一个新图式中的第一个元素。

累积学习的概念等同于机械学习，具有刻板的特征。例如，当学生在记忆乘法口诀时，如果是强行记忆下来就是机械学习，如果是理解了其中的含义之后记忆下来就是同化学习。累积学习虽然并不是大多数学习场景中建议采取的学习方式，但机械学习也有它的积极意义。例如，在掌握某项运动的最初阶段就需要采用机械学习的方式来完成，通过反复的机械学习甚至可以产生肌肉记忆，让技术动作自动化。但要特别指出的是，在校学习情境中，大多数时候是不适合采取累积学习方式的，机械记忆、机械模仿的学习方式是教学中应该摒弃和避免的。

二、同化学习与顺应学习

将同化学习与顺应学习放在一起描述，是因为这两种学习方式是皮亚杰学习方式分类中的两个主要方式，而全视角学习理论是在这两种方式的基础上，从同化学习中分离出了累积学习，从顺应学习中分离出了转换学习。而且这两种学习方式也是我们学习过程中最普遍存在的。

1. 同化学习

所谓同化学习，是指学习者已经取得某种心智图式，然后运用这些图式通过同化扩展的方式来掌握这些新知识，即新的知识是早期学习所构建的心智图式的一种扩展和差异化。

同化学习在一种持续稳定的累积发展中学习成果被构建、整合及稳固下来。学习成果通常是指知识、技能及经验性机遇，这些成果在某种特定情境下可以被激活，从而能够在某种程度上进行改造，以适应不断变化的新学习情境。正是因为同化学习方式是对原有图式的补充和延展，所以它必然受制于原有的知识图式，不容易产生知识迁移和重构。实际上，大量学习都是同化学习。例如，数学学习中的演绎推理往往对应的是同化学习，我们也可以认为在运用知识得心应手地解决问题时对应的也是同化学习。

2. 顺应学习

所谓顺应学习，是指对已建立的心智图式的整体重构或部分重构。当新知识无法顺利补充进原有知识图式时，这种学习方式就被激活了。我们会通过对原有知识图式的整体或部分突破，通过变化和重构创造一种基础，允许新刺激以一种一致的方式进入。

3. 同化学习与顺应学习的关系

如果说同化学习是对原有知识图式的一种补充和发展，那么顺应学习方式就是对原有知识图式的一种质的超越。同化学习好比是心领神会，能够全面获得对知识的掌握；而顺应学习更像是灵光乍现的顿悟，一通百通，并且有他山之石之功效。顺应学习可以是快速突然发生的，也可以是学习者被一个问题困扰，逐渐找出一种新的理解和解决方案。因此，顺应性重构的特征在很大程度上是通过个体的理解和理解的特定形式表现出来的，往往存在着个体化的方式。这就使得即使在相同外部环境之下，个别和独特个体的差异也会在学习进程中产生。顺应的个体化也会导向同化的个体化，也就是说每个人都有自我独特的构建知识图式的方式，并非简单的因果关系产生的。至于影响其发展方式的具体原因我们还不得而知。

对于同样的知识，学生可能采取不同的学习方式。例如，学习高中阶段函数的概念时，如果学生对初中函数概念一概不知，这时学习高中函数概念就是累积学习，学生需要把原始图式建立起来；如果学生是在回忆起初中函数概念的基础上学习，并没有很好地理解高中函数概念，而仅仅是把高中函数概念作为初中概念在某一方面的补充，这时学生采取的就是同化学习；如果学生对初中概念掌握得很好，又充分理解了高中函数概念的内涵，清楚初、高中函数概念的不同，理解高中基于初中已经学习过的知识积累学习函数概念的必要性，这样的学习就是顺应学习。当然也会存在这样的情况：就同一个人而言，针对不同知识采取不同的学习方式。又如，在进行数系扩充时，往往需要采取顺应学习方式，而在进行演绎推理时，往往需要采取同化学习方式。对于学生的生活情境来说，每天在学校按秩序进行自我的惯性学习是同化学习；在学习中顿悟了学习的目的，找到了学习的动力，或者经过长期思考摸索，掌握了一套更加有效的学习方法则是顺应学习甚至是转换学习。

4. 两个学习方式发生所需的条件

同化学习和顺应学习在一个学习情境中往往是同时发生的，但当单独看待的时候，两者发生所需的条件并不相同。我们可以发现，同化学习作为在原有知识图式基础上的补充和发展，自然要比顺应学习容易得多。顺应学习作为需要对原有知识图式打破、重构的一种学习方式，则需要更多的心智能量作为支撑。顺应学习对于学习者来说是一种注意力比较集中的紧张状态，往往伴随着焦虑、困惑，需要有某种程度的力量作为保障。因此，顺应学习的发生必须有三个先决条件：一是需要重构的图式已经构建到位；二是个体需要或者愿意动员这种类型学习的重构所需的能量；三是在该情境下的个体感知到充分的许可和安全。这三个条件往往是相互补充、相互助力的。例如，强烈的意愿往往会降低对准备条件和安全性的要求。对于教师个人来说，我们按过去长期养成的习惯工作往往是同化学习。当我们意识到数学的魅力或者工作的价值乐趣，明确了个人追求时，则是顺应学习的结果。结合我们个人经验，当动力不足、心智能量不够的时候，或者害怕改变以及基础能力、知识储备不够的时候，顺应学习是很难发生的。

5. 两种学习方式带来的学习效果

虽然顺应学习更加难以发生，但顺应学习可以带来更好的学习效果。同化学习是原有图式基础上的扩充，这就使学习结果的运用往往是在类似情境中才可以完成的；而在顺应学习时对原有知识图式的重构需要建立在非常清楚原有的认知是什么，现在的认知是什么，两者之间有怎样的关系的基础上，因而学习效果往往更加持久，运用也更有适应力，在不可预测的情境中也可运用，其中发展的是能力。例如，在高中课堂学习了函数概念之后，对于简单题目，采取不同学习方式的学生都可以完成，但采取顺应学习的学生在完成所用时间、运用所学解决实际问题方面以及学习的热情和信心等方面都将有所不同。同化学习就像手中多了件工具，可以解决特定的问题；而顺应学习更像是凭空长出一只手，甚至可以创造工具。

三、转换学习

全视角学习理论将有意义学习、扩展学习、过渡学习和转换学习视为基于不同视角的不同表达方式，它们基本上涵盖的是同一种类型的学习定义。全视角学习理论选择了梅齐洛的转换学习概念作为这种类型学习的名称。我国学者对于深度学习展开研究，倡导深度学习是一种有意义学习。当然在全视角学习理论看来，有意义学习与转换学习是同一种学习类型。

转换学习指的是这样一种过程：通过改变我们认为理所当然的参照框架（如意义视角、智力习惯、心智背景等），使之更具包容性、鉴别力、开放性，情绪上能够应对变化以及能够进行反思，从而产生特有的信念和想法，这些信念和想法将被证明可以更为真实或公正地引导个体的学习行动。

我们知道意义是对存在的不同事物的一致性理解，通过对意义、习惯等在学习运作时的根本因素的改变，自然可以带来大量图式的重构。这不禁让人们眼前一亮，转换学习方式，将带来一系列的变化。这也可以理解成某人"脱胎换骨"的原因，也为人的潜力是无限的这一论点提供了解释。

这么好的学习方式如何才能发生呢？转换学习的发生可以是瞬间发生的，这时表现为一种顿悟；转换学习也可以是经过一个长期积累的过程而发生的，在此过程中社会关系发挥了重要的作用。也就是说，转换学习更多的时候是在某种互动或持续的互动中发生的，外界给予的启发非常重要。如同顺应学习一样，转换学习也需要更多的心智能量的支持。转换学习与顺应学习有很多相似之处，只不过转换学习发生的难度更大，产生的效果更加深远。转换学习可以带来一系列的知识图式的重构。

四、四种学习分类之间的关系

我们可以看到，四种学习方式分类的依据是，当学习者学习时，新学习内容与原有知识图式之间的连接方式不同，也就是相互加工融合的方式不同，这也使得四种学习方式具有了不同的性质。

就累积学习而言，学生是在没有原始知识图式的基础上，主要通过重复记忆的方式形成第一部分知识图式，也可以理解成学生通过机械记忆的方式学习新的知识，新知识与原有知识之间无法建立实际的联系，只是进行简单的堆砌，知识之间难以融合和重建，一般不能相互作用和影响。

就同化学习而言，新知识补充进入原有知识图式，是对原有知识图式的一种扩充，是在原有知识基础上发生的延展，同类知识是成体系的，有一定的相互作用。

就顺应学习而言，我们通过对原有知识图式进行加工、重构的方式接纳新的知识，是一种更深层次的加工。在学习过程中，学生有一定的主动性，并参与知识的重构和再加工，学生在能力提升的同时既能体验到成功带来的激励，又能够激发主动学习的积极性，这样合理的良性循环对于学习能力的提升有很好的促进作用。

上述三种学习方式更多是针对认知层面的，即学习过程中的获得过程，学到的内容更多倾向于知识、技能。而转换学习方式是从根本上改变自身的认知体系、理解方式、加工模式等，不仅仅局限于认知层面，习得的内容也不仅仅是知识和技能，还涉及学习的两个过程和三个维度，如接纳新的价值观、对互动的认识、对学习意义的建立、数学学习上对思想方法的感悟等。因为转换学习方式是通过对自身参照框架根本性的改变实现对新知识的批量加工，是从根本上改变自身状态，所以实质性改变、批量加工新的图式是转换学习方式的特有性质。

（1）从实现途径来看。

累计学习及同化学习参与过程简单、易于操作且目标更易于达成与实现，而顺应学习及转换学习往往需要经历紧张状态和消耗心智能量，尤其转换学习发生的难度更大，往往需要社会关系发挥作用，个人的选择与坚持也很重要。顺应学习和转换学习都有可能在瞬间发生蜕变——"顿悟"，当然也可能是在长期积累的、被问题困扰的、寻求解决方法的过程中逐渐发生的。转换学习一旦发生，学习者往往伴随生理和心理上的双层放松和激励，感觉由内而外整个人都变得和过去不同了，获得了成功后自信的同时又对未来充满了希望。

（2）从学习效果来看。

显然，不同的学习方式因为在新、旧知识或学习内容发生链接时所采取的方式不同，自然会伴随不同的学习效果，如对知识理解的深度、记忆的持久度、联系与迁移的可能性等方面都将有所不同。

不同的学习方式意味着不同的迁移可能性，在此介绍一下英国教育研究者迈克尔·埃劳特的研究结论，他提出：

① 通过累积学习，限定性的、重复导向的知识得以发展，它们以明确无误的方式，可被运用在与学习情境相同的情境之中。

② 通过同化学习，某一主题（或图式）导向的知识得以发展，它们可被应用在能够将所面临的主题带到以前主题的情境之中。（相同要素理论）

③ 通过顺应学习，理解导向或诠释导向的知识得以发展，它们可被灵活运用在一个较广的相关情境范围之中。（一般原则理论）

④ 通过转换学习，人格整合的知识得以发展，基于此，人们可以在所有主观性相关的情境中自由地建立联系。

特别需要指出的是，累积、同化、顺应、转换四种学习方式在复杂程度上是依次递增的，但这并不能说明复杂程度越高的学习方式就越好，关键是要看学习内容和学习情境需要怎样的学习方式，采取合理的、恰当的学习方式才是最重要的。这四种学习方式各自适应不同的情境，需要学习者能够在不同情境的学习中灵活转化，不能一味地采取一种僵化的方式应对所有的学习情境。这四种学习方式依次需要更多的心理能量的支撑，也会依次发生更多心智图式的改变，所以这四种学习方式发生的难度也依次增加，尤其是转换学习的发生往往需要学习者自身的努力和坚持，是身心加环境共同作用才能产生。因为顺应学习与转换学习方式发生难度更大，学生需要在一种符合学习规律的、三个维度都调动的学习状态中才可以掌握，所以在本书的探讨中会更多倾向于对复杂学习方式的探讨，毕竟学习的一个重要任务和目的也在于"学会学习"。在具体的情境中，这四种学习方式并没有明显的界限，真实的学习往往是多种学习方式并存的状态。

五、四种学习方式的研究对教学的启发

我们很想知道，排除先天因素，哪些因素可以促进学生能力的提升呢？我们常讲推动学生学习方式的改变，那么学生现有的学习方式是什么？要改成怎样？为什么要改？怎样改？

经过上面的分析，似乎可以找到大概的答案。我们可以看到，学习方式有很多，不同的人即使在相同情境中也可能采取不同的学习方式，而不同的学习方式往往具有不同的实现难度，事实上很多人采取的学习方式都是累积学习或者同化学习，较少有人会积极采取顺应学习方式。而对于转换学习，因为转换学习是一种全身心投入的学习状态，可以带来从方法上到追求上质的改变，实现难度比较大，往往需要社会关系的支持，所以实际上很难实现。这也告诉我们，能力发展的抓手在于学习方式，人们采取不同的方式学习，从而会收获不同的学习效果，得到不同的发展。在营造全方位地调动学生学习的三个维度处于活跃状态的同时，拓展学生的学习方式，尽可能在学习中推动学生采取转换学习方式，这是校园教育应追求的一种状态。

在教学中如果教师更多采取的是机械训练、机械模仿的教学方式，那么自然导向学生在学习中大多使用的是累积学习或是同化学习，这将导致学生因理解不够而容易遗忘，更不要说在不同的情境中灵活地运用知识以解决相关问题了。而如果教师在教学中采取搭建研究路径，引导学生通过独立探究、合作交流的方式开展学习，并且引导学生在学习过程中注重对知识的理解以及能够发现问题、提出问题进而能够解决问题，这样的学习结果则会导向顺应学习甚至

转换学习。教师在教学中可以研究如何通过学习活动调动和发展学生的学习方式，将注意力放在教学设计与学习方式上，放在学习素材与学习成果上。这样的研究通过教如何实现学以及怎样学展示出来，将教真正建立在学上，为学而服务，进而从根本上解决依据学实现教的问题。

第四节　学习的内容维度

学习的内容是什么呢？我们的第一反应可能是知识，也可能想到技能。知识与技能是我们在社会生存中必须学习的两项基本内容。就学校的学科学习而言，学科知识与学科技能往往是并存的。除了知识与技能之外，还应将学习扩展到更广阔的范围。那么，学习的内容还应该包括哪些呢？例如，在学校学习中，身边的同学某些方面令人非常钦佩，自己也想朝着这样的方向发展，这时就形成了自我的一个态度，类似的收获会很多，因此态度也应该是学习的一个重要收获。奥苏贝尔对学习内容的理解主要集中在认知层面，也主要集中在知识和技能方面。加涅对学习内容的理解在知识、技能的基础上增加了态度维度。实际上，随着态度维度的产生，人们会形成对不同事物的一致性看法，也就是意义。因此，通过学习，人们构建了自我的意义体系。在构建意义体系的同时，人们要学习与外界建立联系，学着在这个社会中生存，与人交往，学着处理各种事物，学着吸纳社会文化和公共价值，学着与社会建立联系。与此同时，人们总是在生活、学习、经历中总结经验，寻找自我。通过学习，人们在建立与自我的联系，这也是学习的一大收获。以上个体与自我及个体与社会建立联系的过程实际上是文化获得的过程。虽然态度与意义体系及文化获得之间看上去并没有明确的区分，但基于意义体系和文化获得在学习中的重要地位以及对个体成长的重要影响，全视角学习理论主张，在学习内容上将两者从知识与技能方面单独进行探讨。

全视角学习理论对于学习内容的主张包括传统的知识、技能与态度等三要内容以及理解、意义、洞见等词语涉及的内容，我们不妨把此项学习内容理解为建构自我的意义体系。此外，学习内容还包括一种文化获得过程，在此不妨局限性地将其理解为获得认识自我及获得认识外部环境两个过程，即"获得一种对理解、追随和批判性地联系我们周边世界的准备性"和"学习关于认识自己、理解自己的反应、倾向、偏好、优势和弱势"这两方面的内容。

下文将从各个细分的角度探讨对学习内容的理解。

一、知识的概念及分类

知识到底是什么,目前仍有争议。《数学教育心理学》认为,知识就其本质而言是客观事物的特征与联系在人脑中的能动反映,是客观事物的主观表征。数学知识是客观事物在数与形方面的特征与联系在人脑中的能动反映。

因为知识的复杂性、多样性,人们对知识进行了不同角度的分类。信息加工心理学认为,广义的知识按照信息存储编码方式的不同可分为陈述性知识(命题与命题网络编码)和程序性知识(产生式规则编码)(这个分类方式已被广泛接受)。其中,陈述性知识是指关于事物及其关系的知识,包括事实、规则、事件等,用于回答"是什么"的问题;程序性知识被定义为:个人无法有意识地提取,因此其存在只能借助某种作业形式间接推测,它是关于完成某项任务的行为或操作步骤的知识,用于回答"怎么办"的问题。程序性知识可以看成包含元认知在内的广义的技能。也就是说,技能实际上可以包含在知识当中。数学知识当中的基本知识属于陈述性知识,基本技能与思想方法属于程序性知识。加涅将学习分为五类:言语信息、智慧技能、认知策略、动作技能和态度。其中,言语信息、智慧技能和认知策略是认知领域的学习。新修订的布卢姆教育目标分类学吸收了认知心理学对于知识、技能和能力的研究成果,将认知领域的知识内容分为四类:事实性知识、概念性知识、程序性知识以及元认知知识。我们可以认为事实性知识及概念性知识属于陈述性知识,程序性知识及元认知知识属于信息加工心理学中的程序性知识。

因为陈述性知识与程序性知识这样的分类被广泛认可,所以关于这两个方面知识的研究成果值得我们学习探讨,以寻找对于教学的启发。陈述性知识易于理解,程序性知识需要进一步研究。程序性知识可分为一般领域的程序性知识和特殊领域的程序性知识。其中,一般领域的程序性知识是关于如何学习、记忆和解决问题的一般方法。特殊领域的程序性知识又可划分为特殊领域的自动化基本技能和策略性知识。策略性知识是与学科相关的关于如何学习、如何思维的知识,是关于如何用这一学科的陈述性知识和程序性知识来学习、记忆和解决问题的一般方法。我们可以看到，程序性知识包含非常重要的一种知识就是关于如何学习的知识。而在特殊领域的程序性知识中有一种知识形式非常值得我们研究，即认知策略。认知策略是内部组织化的技能，主要通过对自己思维活动的反思获得。从过程来看，认知策略是指对人的心理加工过程起控制和调节作用的执行控制过程。学生正是在学习过程中学习了知识和技能，并且通过学习积累了大量有效的策略来调整自己的内部获得过程，才逐渐变为学习高手。教师要善于学习、发现及总结有效的认知策略用于教学，既使学生在人为指导下采用策略开展学习，又能将认知策略转化成自我学习的收获，从而成为学习高手。

附：阅读材料一

11 种常见的认知负荷效应：

（1）目标自由效应。目标自由效应指用目标自由（学习目标不是很明确）的题目代替为学习者提供特定目标的传统题目，更有利于学习迁移。

（2）样例效应和问题完成效应。样例效应是指相比于直接通过解决问题来学习，为学习者提供展示解决方法的样例会产生更好的学习效果；问题完成效应是指用待完成的问题来代替传统的问题，在问题中提供部分解决方案，而将其余的问题交由学习者来完成会产生更好的学习效果。

（3）分散注意力效应。分散注意力效应指当图片信息与相应的文字解释信息相分离时，容易导致学习者的注意力分散从而增加认知负荷，可以将这些信息整合到一起以降低认知负荷。

（4）通道效应。通道效应指可用口头的解释文本和视觉信息源（多种形式）代替书面文本和图表等视觉信息源（单一形式）。

（5）冗余效应。冗余效应指无法帮助建立认知图式的多余信息源会干扰学习效果。

（6）知识反转效应。知识反转效应指对初学者来说很有效的教学方法，在已具备丰富专业知识的学习者身上可能无效，甚至会产生相反的效果。

（7）指导消退效应。指导消退效应指随着学习者专业知识的增加，在呈现样例后，应该让其尝试解决部分问题，随后尝试解决整个问题。

（8）想象效应和自我解释效应。想象效应是指让学习者想象或用心理练习材料来代替传统的附加学习；自我解释效应是指有些学习者在学习物理力学样例时，每看到一个步骤就会停下来试图做出自己的解释。

（9）元素交互效应。元素交互效应指当使用低元素交互的材料时，想象等教学效应会消失；而当使用高元素交互的材料时，想象等教学效应又会重现。

（10）瞬时效应。瞬时效应指对于难度较大的任务，学习者容易遗忘刚刚获取的信息，这时需要提供一些可以被学习者反复使用的资源。

（11）集体工作记忆效应。集体工作记忆效应指如果学习材料的难度较大，那么集体学习效果有可能会优于个体学习。这主要是因为总结策略可以帮助学生选择相关信息，并将他们的一些认知资源从处理无关元素中解放出来，从而减少认知负荷，提高学习参与程度。

附：阅读材料二（摘自《数学教育心理学》）

在信息加工的各个阶段，都需要认知策略的支持。

（1）注意中的认知策略。例如，先行组织者，找关键词，"带着问题学习"（穿插的问题具有激活对特定类型事实的注意策略之功效），列提纲，等等。

（2）编码中的认知策略。例如，"精加工"（赋予意义），做笔记，运用表象（使用视觉形象），使工作记忆中的信息形成组块，概念图法（分析学习材料的内在逻辑关系和组织结构），"多问几个为什么"，类比法，等等。

（3）提取策略。例如，记忆术，运用表象，列表，"线索图"，等等。

（4）保持策略。例如，记忆术，双重编码，提高加工水平，等等。

（5）执行控制策略。例如，元认知策略，包括调节和控制学习、记忆和思维等各种过程的认知策略。

在问题解决研究中，有人总结出表征问题、解答问题和思路总结三阶段及其相应的思维策略。

1. 表征问题阶段的思维策略

（1）准确累计习题的字词语句，不要匆忙解答。

（2）从整体上把握题目中各种数量间的关系，最好能在读题后拟一个草图，用于表达题目设计的各种关系。

（3）在理解题意的基础上判断题型。

2. 解答问题阶段的策略

（1）进行双向推理，即要充分利用已知条件进行顺向推理，注意运用未知条件进行逆向推理。

（2）克服定式，思维要有发散性，注意多角度看问题，多途径寻找答案。

（3）评价不同思路，选择最优的思路进行聚敛思维。

3. 思路总结阶段的策略

对思路进行总结，主要通过反思解题过程来实现，反思的策略包括如下几种：

（1）想一想是否因为基础知识没有掌握而导致解题的挫折。

（2）回顾自己的解题过程，思考本题的解答过程与以往有什么异同。

（3）想一想能否优化解题过程，还有没有别的解题方法，与同学交流，比较自己的解题思路与别人思路的异同，体会别人的思路和技巧。

二、反思

毋庸置疑，反思已经是当下教育界非常重要的一个词语，本章之前的内容中也多次出现反思一词。对于反思的理解有多个视角，如反思有时会被等同理解为元认知，被认为是学会学习的途径。全视角学习理论给出的反思的定义是事后再考虑，指出反思已经被看作教育和社会化的重要的基本目标，因而也被作为现代理念的中心要素。反思是如何发生的呢？当一些即时学习出现之后，认知发生了但依然存在认知不调的成分，需要在之后的某个情境中对之前的刺激进行加工、处理，以寻找一种认知平衡的状态，这时反思就发生了。因此，反思表现为顺应学习的特征，是对冲动的更精心加工，是在个体理解、追随和批判性地联系我们周边世界□的关键概念的过程中发生的。正是因为反思不仅具有顺应学习的特征，还指向更深层次的加工，所以反思的发生需要更多的心智能量，同时经过反思这种事后精心加工的过程，所学知识也更易于应用或迁移于不同情境。

经过以上分析，我们可以看到反思首先表现为整体思维能力，尤其是把思维自身包含在内的整体思维能力。因此，反思是充满理性而且超越理性的，是人类不同于其他生物的关键所在。反思是可以学习的，但反思并不像知识与技能一样是独立的学习内容，而是在学习知识与技能、学习与外界如何建立联系的体验过程中，同时要学习的内容。因此，反思的学习路径必然要镶嵌在知识、技能等内容学习的过程之中。反思不仅可以实现认知冲突的再平衡与认知的发展，实现对自身情绪的细微感受与调节，实现观念的修正与重建，而且可以实现反思本身能力的发展。

全视角学习理论提倡教育结构中必须保证这种反思能够在个体和共同体之中发生。因此，教师在教学中要寻找反思发生的途径。事实上，我们看到大多数学生并不善于反思，即使他们认可反思的作用，也很难在平时的学习中养成反思的习惯。这就需要教师在教学中引导学生学会反思，善于反思。例如，在一节课临近结束时，教师给出几分钟的时间让学生总结这节课的收获；在一次考试结束之后，教师不是马上讲解试卷，而是给学生反思本次考试答题情况的时间，反思的内容包括答题时间分配，答题中的心态情况，答题中出现的问题，问题能否在答题后独立解决，问题出现的原因，下一步学习的启发等。又如，教师让学生养成每节课自我评价学习状态及学习效果的习惯，包括学习目标达成情况，学习活动参与情况，是否发现了新的问题等，以及让学生自我评价平时在校的学习情况、在家的自学情况、对某一科目的学习感受等。

三、自反性——与自我建立联系方面

当下快速而持续的社会、文化及经济的变化，对个体、对自我的理解产生了深刻影响，并对身份认同的形成、维系、转化带来巨大挑战。全视角学习理论对自反性的描述如下：齐厄定义了"自反性"，即"一个联系自我的机会"，指出成为"现代的"人在今天意味着能够为自己确定和正式提出明确目标，这些目标让一个人具有战略性，能够在他的自我反思中加以运用；吉登斯认为，"自我认同必须在个体自反行动中进行定期的创造和维系"，原因是晚期现代社会不再为自我建构提供固定不变的参照系了。齐厄和吉登斯都强调自反性不仅仅是一种智能现象，而在很大程度上是经验性和情感性的。一般来说，它是自我理解和身份认同的塑造。我们可以把自反性理解为自我认识、自我理解、自我塑造。有心理研究者提出，身份认同是学习的终极目标之一，我国也有说法——"三十而立、四十不惑"。在漫长的学习生活中，尤其在当下社会迅速发展的背景下，不确定性史无前例地摆在了人们的面前。在变化中能够认识自我、调节自我既是一个人能够更好地适应社会发展的必备能力，也应该是学校教育所应承担的一项职责。学校教育不仅仅是要在当下让学生学好，更重要的是为学生未来的发展奠定基础。因此，自反性也应该是学习的一项重要内容。

除了全视角学习理论提到的齐厄和吉登斯之外，还有哲学家泰勒也提出了

自反性。吉登斯及泰勒都把理解自我看作现代个体的一项任务，并且也认为自反性运作其中。自反性的学习与建立的重要性不言而喻，而笔者更同意泰勒的观点，泰勒的研究为我们的教育提供了更多灵感与思路。泰勒强调，理解自我是道德维度不可或缺的。从"生活作为一个整体"的重要性展开，泰勒认为自我可以看作一项与"善"相关的终身"任务"。这意味着在我们谈论与自我和认同有关的学习时，必须把道德层面的东西纳入我们的视野。这恰恰与我们立德树人的根本任务相一致，并为其实现提供了科学依据及实现方法。例如，高中教育阶段是学生探索自我的重要阶段，爱国主义教育甚至可以作为一门课程开展。与自我发展相比，当学生能够感受到热爱祖国所带来的神圣感时，那向上的能量也终将产生强大的激励力量，这样的力量不是寻常的动力所能比拟的。

因此可见，无论从自身心理发展的规律看还是从社会变化的需要看，终身学习，建立身份认同并适当调整，都将是一个现代人的必修课。高中教育当然也要承担起这一部分的育人使命，引领学生在高中三年这个意识形态、价值观形成的关键时期，学习认识自我。认识自我、理解自我对一个人的发展至关重要。因此，教师对于学习内容的定位绝不仅仅是知识和技能，还应包括理解、意义、文化获得和社会人际导向以及自我觉察等范畴，甚至后者在学生长期的成长过程中具有比前者更重要的意义与作用，需要教师在知识与技能的学习过程中、在学校整个育人过程中，建立观念，悉心研究并科学实施，真正为学生的全面发展奠定基础。

第五节 学习的动机维度

由前述分析可以看出，动机可以为个体与学习内容及外部环境互动提供心理能量，并影响学习的效果。本节将重点探讨动机维度的相关内容。

一、内容结构与动机模式

学习的动机维度关注的是我们通常以情感、动机、意志等名词表达的那些内容，简言之其关注的是学习的动力。在学习过程中，一个人的学习可以区分出两个方面：一个方面是认知方面，即学习内容；另一个方面是动机方面，即学习的动力。这两个方面是同时存在的，是在互动中相互发展的。在认知过程中，伴随着学习内容的掌握，发展出一种稳定的动机模式。动机模式具有这样的本质：情绪和反应具有相对稳定的形式。动机模式与学习内容的互动又会影响学习的效果，如记忆的持久度、应用的可能性等。因此，学习的动力不同必然带来不同的学习效果。在校学习中，看似相同的课堂学习，即使大家都掌握了一个同样的知识或技能，但在不同动机模式发挥作用之下，长期来看学习效果也会有所不同，有些就会记忆得更加持久；有些能马上运用并解决新的问题；在多年后，即使已经彻底遗忘了学习内容，也会因为学习过程中的内心感受不同而对成长有着不同的影响。因此，培养动机模式是教育教学的一项重要工作。那么，如何培养学生的动机模式呢？

前文中我们探讨了学生的学习方式，其中同化学习和顺应学习是学习方式的两个最主要形式。在这两种学习方式之下，动机模式又是如何培养的呢？在同化学习过程中，个体与环境持续互动从而形成相对稳定的动机模式，同时动机模式发挥作用往往是无意识的。而在顺应学习过程中，伴随着个体对一系列条件与情境理解的根本性重构，原有动机模式会发生根本性转变，而且动机模式发挥作用时往往变得更有意识。因此，动机模式会伴随学习过程的发生而形成，每个认知过程都会烙有情绪的印记。

在教学中，教师要关注每一个学习过程。教师应意识到很寻常的学习过程都会在学生心中留下不同的印象，从而潜移默化地改变学生的动机模式，形成积极的模式或消极的模式。当然这并不是说一味地创设轻松愉悦的氛围就可以实现良好动机模式的培养，毕竟无论是顺应学习还是转换学习都需要心理能量的支撑，同时会伴随注意力高度集中、紧张等情绪状态。与学习有关的挑战要与学生的兴趣和能力相互平衡，既不能过小，以至于它们不能对学习产生任何重要意义；也不能过大，以至于它们被人感到是不可忍受的，并因此导向逃避策略。教师要让学生对压力等因素有正确的认识，明白适度紧张与压力是与良好学习状态并存的，从而形成正确的对待学习的态度及养成乐观而坚忍的意志品质。此外，教师还要科学、谨慎地培养学生的动机模式，不能过于放松或给学生过大的压力。

二、情绪智商

情绪智商领域涉及的是情绪与理性或感性与理性的问题。有研究表明，情绪对于恰当发挥能力完全具有决定性作用，尤其是对于理性思考和决策的推理具有关键意义。

作为一名教师对情绪智商这个词并不陌生，也懂得在教学中兼顾学生的情绪，尤其是积极、乐观等良好情绪的培养。对于这样一个耳熟能详的词语，其实很多人都无法准确地表达它的含义，也没有认真思考过情绪的地位，而总是把情绪作为进行更好认知的手段。在情绪智商领域的研究成果是什么呢？有怎样的倡导呢？全视角学习理论特别介绍了美国的丹尼尔·戈尔曼在情绪智商领域的研究。丹尼尔·戈尔曼对情绪智商的描述是这样的：诸如自我觉察、自控、共情、倾听艺术、冲突解决以及合作等能力……能够激发自己并在面对挫折时坚持不懈，控制冲动和延迟满足，调节个体心态并且阻止思维能力陷入不良心态；同情和希望——一种元能力，决定了我们能够在怎样的水平上运用我们所拥有的其他技能，包括原始智商。"元能力""决定了"这些词语鲜明地展示了情绪的重要性。情绪绝不仅仅是认知的附属品，还应放在和学习内容同样重要的地位。在教学中，对于数学学科，我们确实谈及更多的是理性，数学在培养学生理性精神方面具有先天的优势。我们很少涉及感性，事实上感性是和理性同样重要的人的心灵特征。丹尼尔·戈尔曼认为，从源头上来说，在感性与理性心灵之间存在着一种平衡，情感充实并告知理性心灵的运作，理性心灵提炼有时也禁止感情的输入。"感性和理性心灵是不完全独立的能力，……反映大脑中独特但又相互联系的神经通路的运作。……正如大脑生长出来的较新的根一样，情绪领域是通过无数相互联结、通往新大脑皮层（包括工作记忆）的回路相互盘绕起来的。"这赋予了情绪中心极为广大的力量去影响脑的其他部分功能的发挥——包括它的思维中心。这段描述从生理和心理两个角度说明了理性与感性的关系，并强调了感性、情绪的重要性。诚然，理性对于有逻辑地思考问题起到了重要作用，而感性可以赋予人以力量，对于恰当发挥能力完全具有决定性作用，尤其对于理性思考具有关键意义。丹尼尔·戈尔曼的观点与全视角学习理论的观点是一致的，都将情绪置于与内容同样重要的地位。这样的描述不禁引人深思。作为一名教师，我们总是不遗余力地关注学生的"认知"，但也许效果更好的认知需要跳出认知这样一个狭窄的领域，用更宽广的视角去审视，这样反而可以更好地学。既然情绪对理性的发挥这么重要，如何才能让学生认识自我情绪并与之建立合理的联系呢？显然这件事情在教育中很重要。教师在教学中要有意识地培养班内整体的"情绪场"，教师愉悦的、情感充沛的教学也必然可以感染学生，在良好互动中使学生安心学习、静心思考。。

在此要特别提出全视角学习理论的一个观点：即使动机维度的研究很多，也已被公认非常重要，但这些研究依然没有对教学实践的组织有过多贡献。

我们要看到，虽然动机维度的理论没能很好地和教学结合，但它依然给出了理解动机、研究动机的基本原则和依据，这些理论可以指导具体实践。在理论指导下、在一定领域内、在一定程度上研究动机，尤其是研究对于不同特征群体的学生是哪些因素鼓励或打击了他们。例如，在课堂教学中，哪些手段可以调动学生的兴趣？哪些手段可以激发学生向上的动力？等等。教师不能一贯地施加压力或一贯地放任自流或毫不关心学生的动机，理解的偏差和方法的失误都将不利于学生的发展。

第六节 学习的互动维度

　　学习是个体与外在环境互动的过程，即所有学习都是情境性的。研究学习的互动维度，首先应该厘清情境的概念。全视角学习理论将情境分为两种：一种是直接情境，即学习者意识到的自己所处的外部环境，如校园、训练场等；另一种是社会情境，即当前社会规范与结构。这两种情境是不可分割的，它们共同构成了学习者外部的学习环境。我们也可以把这样的划分理解为一个是物质的情境，另一个是社会的情境。

　　互动的形式很多，全视角学习理论给出了感知、传递、经验、模仿、活动与参与六种互动形式。（如果你不是一个主体参与，那么实际上将不会出现任何双向的互动过程。）其中，活动是目标导向的努力，只有当个体通过努力追逐明确的目标时，才能被视作活动。丹麦一位学习理论家指出学习更突出地表现为活动的结果。参与表现为学习者处于一种有着共同目标导向的活动当中，处于一个共同体当中，共同体中的每个人都拥有被承认的地位，并因此产生影响。我们可以把参与视为既是个人投入的活动又是全体共同投入的活动。因此，笔者在下文中把参与活动都统一称为活动。这里的活动与教师通常所说的教学活动、学习活动中的活动并不完全相同，前者可以看作动词，后者可以看作名词。但两者又有相通之处，我们往往通过学习活动，调动学生活动起来或参与进来，实现学习。教学中往往是通过活动连接起学习的主体（学生）及学习的客体——学习内容的。学生在学习活动中通过不同学习方式展开学习，不同的学习方式代表不同的内部获得形式，也带来了不同的学习效果。我们所期待的核心素养的实现等教育目标都是通过学习实现的，因而实现目标的抓手在于学习，在于发展学生的学习方式并引导学生采取更合理的学习方式。这既是学习的中心环节，也是教学的中心环节。这个环节正是在学习活动之中，因而教师对于学习活动的设计后续也将构成整体性教学设计中一个重要的环节。跳出认知领域，在全视角视域下，活动既是学生与学习内容的互动，也是个体与周围环境的互动。这为思考教学拓宽了视角。

全视角学习理论给出的六种互动形式的区别在于学习者参与的程度不同。正像我们直观感受到的那样，学生参与程度越深，学习效率越明显，而且参与程度越深，越会采取一种能够记住和运用的方式去学习。这就可以联系之前探讨的学习方式，并将互动形式与学习方式相对应。参与程度较低的互动中往往会采取累积学习和同化学习的方式；参与程度较深、投入度高的互动中往往采取顺应学习的方式，而转换学习方式极少出现在一个简单的互动形式中，往往需要通过活动或参与的互动而引发。因此，提高参与程度，可以伴随更复杂的学习方式，也会产生更好的学习效果，这不正是教学所追求的吗？这一主张也与 ICAP（分别是 interactive, constructive, active and passive mode 四种学习方式的首字母缩写）学习方式分类学的主张一致，只是 ICAP 学习方式分类学更详细地探讨了"越投入效果越好"这一主题。本书后续会继续详细探讨 ICAP 学习方式分类学。

那么如何提高学生的投入度呢？这就需要从提升学生动机入手，因为适度的动机可以提升学生的投入度；或者从内部获得过程入手，对知识的热爱也会让学生更愿意甚至不知不觉地全情投入学习；从学习活动的设计入手，通过导向学生高投入度的学习活动，使学生深入卷入学习。正是这种多角度的入手从另一个侧面验证了科学认识学习、充分调动学习需要全视角视域。

第二章

有意义学习理论

第一节　奥苏贝尔的有意义接受学习理论

有意义接受学习理论对于广大教师而言并不陌生。20 世纪 60 年代，美国认知教育心理学家戴维·保罗·奥苏贝尔提出了有意义接受学习理论，又称有意义言语学习理论。他认为，有意义学习"就是符号所代表的新知识与学生认知结构中已有的适当知识建立非人为的、实质性的联系的过程"。

这个定义中的关键词——"非人为""实质性"可以看作有意义学习的典型特征。对这两个关键词的探讨将有助于我们理解有意义学习，并将有意义学习理论应用于教学。所谓"非人为"的联系，是指新知识与学习者已有的相关知识建立符合逻辑的联系，而不是人为强加的联系。对于"符合逻辑"我们可以从以下角度理解：首先，学习材料应该是自身有内在逻辑线索的知识；其次，学习者已经累积了与新知识相关的知识，具备了建立联系的可能性；最后，新、旧知识之间是有逻辑联系的。

所谓"实质性"联系，是指新知识与学习者原有认知结构的表象、符号、概念或命题的联系，而不仅仅是字面上的联系。那么，怎样才能建立实质性的联系呢？首先，学习者有意愿，有学习的意向，学习的过程不是被动的、机械的，而是主动的、建构的；其次，强调学习者能够充分调动原有认知结构中与新知识逻辑相连的部分，找到新知识加入原有认知结构的固着点；最后，在充分理解的基础上，建立新知识与原有知识相一致的意义体系。因此，奥苏贝尔总结有意义学习发生的条件是：①主观。学习者必须具备有意义学习的意向以及认知结构中必须具备适当的知识基础。②客观。有意义学习的材料必须具备逻辑意义。有意义学习强调认知前后的融合、连接。

有意愿是学习的动机层面，寻找固着点并在理解的基础上建立联系，这是学习的内部获得过程，或者我们也可以认为是有意义学习的内在加工过程。有意义接受学习理论强调，对于知识的理解要以受教育者能对所学的知识做出明确的辨别以及合理的判断，根据所学知识对相关现象做出自身的解释和判断，并且运用所学知识解决实际问题为具体标准，强调受教育者在对复杂问题的解决中学习知识，在此基础上形成对知识的多角度、多层次、丰富的理解，最终形成结构化、整合化的知识体系，并且能够在实际的生活和学习中对知识进行广泛的迁移和运用。

综上所述，有意义学习将新知识充实到原有的意义体系之中，通过"非人为""实质性"的方式建立新、旧知识的联系，使得新知识实现它的意义或价值。因此，奥苏贝尔的有意义接受学习理论其实是学习方式中的同化学习。虽然奥苏贝尔的有意义接受学习理论也强调了动机的作用，但总的来说，奥苏贝尔的有意义学习理论重点描述的是认知加工过程，这对于教学也有很大的启发意义及指导作用。

奥苏贝尔认为，教师以教授知识为主，有意义接受学习是学生学习的主要形式，并从两个维度划分了学习：第一个维度是根据学习材料意义发生的程度，划分为有意义学习和机械学习；第二个维度是根据学习的途径或方式，划分为发现学习和接受学习。20 世纪布卢姆的发现学习得到推崇，同时也给美国教育带来很多问题，在这个大背景下，奥苏贝尔提出了有意义接受学习，是对发现学习的一种补充。有意义接受学习强调学习的有效性，提出教师教授也是一种有效果的学习方式，重点指出在教师教授之下如何才能实现学习的效果，即建立深层次"实质性"联系，通过这样的方式使得接受学习也是有意义、有效果的。同时，有意接受学习指出，发现学习也并不一定会经历深层次知识加工的过程，不一定是有效的学习方法。

在教学过程中，教师应有效地引导学生建立新、旧知识之间的意义联系，不仅要对知识点进行总结和归纳，还应从建构新知识出发，找到头脑中已有的旧知识与新知识相关联的固着点并建立联系。特别要强调的是，这个过程中要找到已有的旧知识，并且回忆起对旧知识的理解及想法；然后，在进一步深入探索的过程中建立逻辑联系，将新知识内化到原有的知识构架中，从而在扩充原有知识结构的基础上，有效建立新、旧知识之间的意义联系。

奥苏贝尔提出的有意义接受学习的教学策略是"先行组织者"策略。奥苏贝尔认为，教师在给学生讲授新知识之前，应先给学生介绍一些他们熟悉的、容易接受的、具有普遍意义的背景性材料，这样可以促使学生将已经学习过的知识和将要学习的知识建立起一种密切的联系，从而促进学生更高效地学习。这类引导性的材料就被称为"组织者"。这些引导性材料一般比将要学习的新知识概括性高、包容性广，并且能使用简洁、明了的语言将新知识与学生原有认知结构中的旧知识清晰地联系起来，为学习者学习新知识提供可利用的固着点。由于这些引导性材料往往呈现在教师讲解新知识之前，能够促进学生更好地理解和掌握新知，因而它又被称为"先行组织者"。

根据不同的分类标准，可以将"先行组织者"分为不同的种类：第一种，根据学生对新知识的熟悉程度，将"先行组织者"分为陈述性组织者和比较性组织者；第二种，根据组织者与将要学习的内容之间的包容性程度，可以把"先行组织者"分为上位组织者、下位组织者和并列组织者。

需要指出的是，无论哪一种分类标准下的"先行组织者"类型，它们所起作用的大小、效果的程度，不仅取决于学生对已有知识的掌握程度以及结构体系的完整程度，还取决于新、旧知识间的共同之处有多少。

奥苏贝尔认为，"先行组织者"有利于学生回忆学过的旧知识，为将要学习的新知识提供恰当的固着点，从而有助于学生将他们要学习的新知识和他们头脑中已有的认知结构联系起来，进而通过"先行组织者"将要学习的内容的本质部分融入头脑中已有的认知结构，扩大原有认知结构，形成新的认知结构。因此，教师在进行课堂教学时要适时、适度地运用"先行组织者"策略。这样有助于加强学生已有的认知结构，使之更加稳定、清晰，从而有利于学生更快地接受新知识；可以为新的学习内容提供观念上的固着点，促进学生获得新知识，有助于学生加深对新知识的印象，增加对新知识的保持，减少遗忘；有利于学生提取新知识，加强对新知识的迁移和运用。

总的来说，奥苏贝尔的有意义接受学习虽然重视学生自身动机及学习意向，但依然是建立在认知视角上的学习方式，没有涉及学习的三个维度；强调从认知加工的方式上促使学生更好地学、教师更好地教，提出脱离于容易带来机械学习的讲授模式，也不同于学生放任自流的发现学习，在实际教学中具有指导意义。

第二节　罗杰斯的有意义学习理论

罗杰斯是 20 世纪美国著名的心理学家，人本主义的创始人。罗杰斯同样提出了有意义学习理论。只是罗杰斯的有意义学习理论是以学生为中心的学习方式，这也是人本主义的体现。所谓有意义学习，是指"使个体的行为、态度、个性以及未来选择行动方针发生重大变化的学习"。罗杰斯本人这样描述："使用'有意义学习'这一名词，我的意思在于指出该种学习不仅仅是事实的累积。这是造就差异化的学习——在个体的行为之中，在他未来进行选择的活动过程之中，在他的态度之中，以及在他的人格之中。这是一种深入渗透性的学习，不仅是知识的增长，而且与个体存在的每一部分相互渗透和影响。"罗杰斯的有意义学习理论的起点是"以人为中心"，它尊重每个人的潜力和本能，认为有意义学习是结合个人个性和兴趣爱好，个人选择的、对未来发展可以产生重大变化的学习。罗杰斯的有意义学习不再将对学习的理解局限于认知领域，而是涉及学习的内容、动机、互动三个维度。本书第一章所介绍的全视角学习理论的转换学习实际上与罗杰斯的有意义学习是同一种学习类型，只是两者关注的角度有所不同。

罗杰斯同样将学生的学习分为两种类型：认知学习和经验学习。学习方式也分为两种：无意义学习和有意义学习，并且罗杰斯认为认知学习和无意义学习、经验学习和有意义学习是完全一致的。也就是说，罗杰斯认为认知方面的学习只是记忆或理解的过程，对于学生来讲，既是认知学习也是无意义学习。而学生自由选择的、自我制定学习规划的、根据自我意愿开展的学习，这样的学习使学生未来可以产生变化，是有意义学习和经验学习。经验学习的概念在全视角学习理论中也有所探讨，即经验学习是涉及内容、动机、互动三个维度的学习，是一个人全方位地调动并投入学习的一种学习形式。

罗杰斯从学习者的角度提出了有意义学习的发生条件：

（1）以学生为中心，在教学中突出学生的中心地位。教师把自主权交给学生，让他们自己选择学习方向和学习资源、发现问题、承担后果及自我评价等。

（2）让学生探索及发现学习内容与自我的关系。学生要学会把保存学习内容与提升自我能力相联系，才能探索出个人认为有意义的学习内容，才能提高学习的效率。

（3）让学生在理解、关爱、和谐的氛围中学习，才能够促进他们的成长，影响他们的生活。

（4）从做中学，指教师创设各种社会场景，让学生扮演其中的角色，直接面对或亲身体验各种社会、伦理和人际交往等相关问题，或者是安排短期强化课程（类似于实习），让学生到第一线去感受各种职业所面临的现实问题。

罗杰斯提出："任何有意义学习都包含了某种程度的痛苦，既有与学习本身相联系的痛苦，也有放弃过去某种学习的失落。……包含了在自我的组织中、在自我的认知中的变化的学习是最有威胁性的，人们常倾向于抵制它……。所有的有意义学习从某种程度上讲都是痛苦的，包含着个体之中和系统之中的动荡。"

罗杰斯的有意义学习是"以人为本"的主张，学生是学习的主体，学习的目的是成长，学习的内容是学生所认为的对自我发展有意义的内容，在这个过程中学生探索自我、发展自我，同时将知识与个人成长对等起来。因此，罗杰斯的有意义学习中的意义不同于奥苏贝尔的理解，其意义体现的是通过学习可以实现学生自我的成长与发展。正因如此，学习是情感投入选择的过程，学生更容易全情投入自我选择的学习。在校学习时，每个学科都有自己的教学任务，看上去是没有办法让学生实现自我选择的。实际上，每个人对自我兴趣的发现是在实践中、在"做"中、在对知识的学习中完成的。教师可以做的是通过对本学科学习的组织，使学生感受到这个学科的魅力，建立这个学科学习的方法，体会到学习的进步和成就感，自我主动学习并接受伴随主动学习所带来的一定的紧张情绪。这样，学生才可以全身心地投入学习，实现有意义学习。

第三节　梅耶的意义学习理论

理查德·E. 梅耶是当代著名的美国认知心理教育学家、实验心理学家和多媒体教学设计专家。梅耶一直致力于"人们是如何学习的？如何能够帮助学习发生？"这个主题的研究（是对奥苏贝尔有意义学习理论研究的继承和发展）。他的研究重点聚焦认知领域，是认知主义和建构主义的融合。他发表了意义学习理论 SOI 模式。其中，S 指的是选择（selecting），O 指的是组织（organizing），I 则是整合（integrating）的意思。该理论是指学生在学习时主动进行认知加工，先需要"选择"相关的输入信息，然后在心理上将输入信息"组织"形成一致的表征，学生能够"整合"已经输入的信息至现有的知识结构中，这样就完成了意义学习过程的 SOI 模式。梅耶的意义学习理论认为，记忆类型包括感觉记忆、短时记忆（工作记忆）和长时记忆三种形式。由三种记忆形式发展出了三种学习过程与他的意义学习的 SOI 模式融合得出的学习机制。知识建构的认知过程模型如图 2-1 所示。

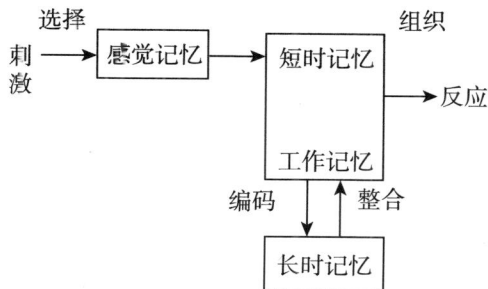

图 2-1

　　从这个学习过程模型可以看出，首先，学习者接受外界信息的刺激。其次，学习者选择与此任务有关的信息，同时将有限的注意力集中在对象上，并激活与该任务有关联的原有储备［新知识属于工作记忆（短时记忆）］。这时，学习者找到新知识内部的关系，使新知识与旧知识相联系。最后，新知识进入长时记忆。工作记忆是指学习者在新的学习过程中把长时记忆中有用的信息提取出来，并与自己已有的记忆连接起来。其整个过程是一种编码、整合、组织信息的过程。

　　梅耶的 SOI 模式清晰地揭示了知识建构的过程。奥苏贝尔强调有意义学习是建立在原有知识图式与新知识之间的非人为的实质性的联系，也就是一种有逻辑的、在理解的基础上的联系。那么，梅耶意义学习理论 SOI 模式无疑对这样一个建立联系的过程进行了清晰的描述，对人们认识内部心理获得过程是如何运作的给出了清晰的答案。这一理论对教学有着很大的启发作用。虽然梅耶主张建构主义是一种学习理论，不能用于教学，但教师对学习过程认识得越清楚，在了解学习到底是如何发生的情况下，才可以更好地完成"为促进学习更好地发生"的教学工作。

第四节　有意义学习理论对教学的启发

　　学习以上理论，将以上理论相互融合，取其精华之处构建全视角视域的学习观必然有助于科学地开展教学。教学中我们要重视罗杰斯的有意义学习理论，以学生为中心，重视学生内心、情绪的力量，引导学生发现自我、探索自我，将学习与自我发展建立联系。在学科学习中，教师要注意从知识魅力、学习方法、学习情感体验等方面为学生的学习服务，让学生更自由地在学科知识中探索，使学生有意愿、有决心、有方法学好相关学科知识。

　　奥苏贝尔的有意义接受学习理论、梅耶的意义学习理论以及认知负荷理论都为我们从认知层面进行教学设计提供了宝贵的理论支持。在学习过程中，教师要从认知角度寻求建立原有知识图式与新知识之间连接的方式，在诊断学生原有认知的基础上，在对学习内容进行逻辑加工的基础上，善于在真实情境中设计激发学生学习兴趣的问题，让学生在对问题关注的过程中，选择原有认知中与之相联系的知识，形成短时记忆，然后在短时记忆初步形成阶段，给学生充分的思考时间，建立新、旧知识的连接，通过共同探究活动、学生对自我连接方式的描述，构建知识体系，完善、充实自我连接，形成经验。这里所指的经验不仅仅是知识掌握的经验，还包括学习的经验。通过对知识的组织，学生将知识整合进自身的知识体系，形成长时记忆，将知识巩固下来。因为数学的抽象性，教师要注意在教学中引导学生经历知识的发生过程，让学生感受知识的内涵、规则的关系，通过适度的学习容量及教学速度，使学生投入有效的学习。

　　这个教学过程是需要教师结合知识特点去探索的。其中的重点是：①如何设计易于学生进行知识提取、组织、整合的认知建构过程？这个过程中教师要尽可能给予学生更多自我探索和操作的时间和机会。②教师要激发学生学习的兴趣，提升其学习动力。因为这个建构过程应该是学生愿意参与、主动建构的过程。当然，在这样的教学组织中，在学生的学习过程中，教师应该告知学生这些环节背后的深意，即这些环节对学习有怎样的意义。这个过程能培养学生主动构建的意识，让学生探索主动构建的方法。当然，主动构建的实现在教学过程中是需要时间的。教学最容易实现的方式是教师讲解，教师甚至可以不对知识进行加工就照本宣科，这种方式下的学习自然不是有意义学习而是被动机械地学习，教学中教师必须摒弃这种教学方式。试想，在这样的方式之下教学几十年，将是一件多么无趣的事情。

我们回顾有意义学习发展的历程可以发现，有意义学习经历了由以认知为研究领域到全视角领域的发展。即使认知负荷理论初期的研究成果主要集中在认知层面，当下的最新研究也在提倡并强调除了关注认知因素外，还应更多地关注情绪因素对学习者认知加工和学习结果的影响。

第三章

ICAP学习方式分类学

改变学生学习方式是当下教育改革的一个方向。作为学生在校学习主导者的教师自然要以此为方向思考自我的教学。何为学习方式？学习方式领域有哪些研究成果？通过哪些手段可以改变学生的学习方式？这些关于学习方式的最本质的问题值得教师思考与研究。学习方式也是笔者在用理论指导教学的探索中一个重要的探索领域。

关于学习方式，在全视角学习理论中，从新知识与认知结构中原有图式之间关系的角度（内部心理结构获得的角度）划分可以分为累积学习、同化学习、顺应学习、转换学习四种方式。这四种方式往往伴随不同的内部心理获得过程，会涉及学习的不同维度，会在不同卷入水平的互动中发生，当然也会产生不同的学习效果。学习方式越复杂、卷入水平越高，学习效果越好。这些内容在本书第一章的探讨中已经有所说明。本书第二章详细研究了有意义学习的研究成果，虽然罗杰斯的有意义学习理论涉及学习的三个维度，但有意义学习的一系列研究成果依然主要集中于对学习中内部心理获得过程的介绍。内部心理获得过程属于内隐的过程，有没有从外显的行为角度对学习方式的介绍呢？我们可以在 ICAP 学习方式分类学中找到答案。

第一节　ICAP 学习方式分类学的
整体框架

ICAP 学习方式分类学，是由美国亚利桑那州立大学玛丽·卢·富尔顿教师学院教育领导与革新部季清华教授经过近 10 年大胆猜想和系列实证研究及实验验证后提出的。季清华教授目前担任美国亚利桑那州立大学教学与学习科学研究院学习与认知实验室主任，主要研究复杂学习的机制和探索有效学习的方式。季清华教授是曾生活在印度尼西亚的华人，从卡内基梅隆大学获得博士学位后即在大学任教，于 2015 年获得美国心理学会颁发的桑代克职业成就奖、美国教育研究协会颁发的教育研究杰出贡献奖。此外，她还是2016年美国艺术与科学学院新入选院士，目前是美国教育研究协会研究咨询委员会主席、麻省理工学院在线教育政策创意顾问团成员（2014—2016年）等。ICAP学习方式分类学也是一种深度学习框架或主动学习框架。当然，它还可以有其他名称，如学习活动分类框架、学习参与分类框架等。

ICAP学习方式分类学的框架（图3-1）提出了四种分类方式、定义及假设，伴随着这四种学习方式会出现四种知识变化过程及知识变化结果，从而产生四种认知结果。

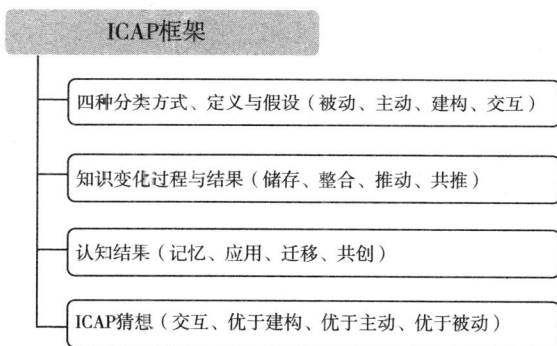

```
┌─────────────────────────────┐
│         ICAP框架             │
└─────────────────────────────┘
  ├─ 四种分类方式、定义与假设（被动、主动、建构、交互）
  ├─ 知识变化过程与结果（储存、整合、推动、共推）
  ├─ 认知结果（记忆、应用、迁移、共创）
  └─ ICAP猜想（交互、优于建构、优于主动、优于被动）
```

图 3-1

四种学习方式依次为被动学习、主动学习、建构学习及交互学习。特别需要说明的是，ICAP学习方式分类学的分类依据是学生的外在表现。

被动学习是学生很显然就表现出来的一种被动的状态。例如，学生在课堂中只是被动地在教师要求下行动，没有或缺乏主动的投入。特别需要关注的是，集中注意被认为是一种被动的学习，因为集中注意也是只有接收信息而没有主动加工信息。因此，被动学习状态往往伴随孤立地接收信息，只是记忆事实。在被动学习方式之下，伴随着接收信息、记忆事实，知识的变化结果自然是经过记忆后储存下来的。因为没有或缺少内部知识的整合、加工，更不要说超越和重构了，学习的效果不会理想。

主动学习方式是指学生积极主动地参与教学，通过实际主动的学习行为控制学习材料，如学生在课堂听讲的过程中会记笔记、会标注重点等。采取主动学习方式学习的学生会表现为一种更积极的状态，学习动机及互动意识更强。

在学习过程中，知识经过整合储存下来，正是因为经历了内部新、旧知识加工的过程，所以储存下来的知识结果指向运用。因为学习和运用的结合，会让主动学习方式的学习效果好于被动学习方式。

建构学习方式是指学生建构性地参与学习。建构学习包含主动学习，如学生在听讲的过程中不仅记笔记而且有自己的见解，能够通过实例具体解释概念，会对相关知识进行对比得到新的结论等。在建构学习中，知识在经历整合之后会形成新的知识，也就是学习者会产生独立见解，推断出新的结论。这样的认知过程自然伴随着新、旧知识之间的互动，且新知识会重构或超越原有认知图式，知识变化的结果指向迁移。建构学习在学习过程中既指向了运用，又在原有知识体系上进行建构和迁移。建构学习方式比主动学习方式的层次更深，其在原有知识体系的基础上参与度更高，效果更好。

交互学习方式指两个以上学生协同合作，通过对话开展学习，如两个学生共同讨论问题、学生之间的辩论等。需要特别说明的是，交互学习方式不是只停留在对话层面，而是两个人共同建构的过程，两个人都要在采取建构学习的同时交流自我感悟。交互对话中的互动涉及三种类型：自我建构——整合搭档的贡献，指导建构——与教师或者专家互动，序列建构和协同建构——与搭档依次发表意见或者协同发表意见。通过交互学习，知识经历一个共同推导的过程。在这期间知识或者从教师、专家、同伴中整合所得，或者与同伴轮流建构以及与同伴共同建构，不仅经历了一个内部加工的过程，还通过相互交流经过外部的加工过程，大大提升了知识加工的效率与效果，最终实现知识的共同创新。

如果说前面三种学习方式是扁平的平面学习，交互式学习则因其知识的来源更加开放、知识建构的方式多元而更像是立体的学习过程。

经过以上分析可以看出，ICAP学习方式分类学所提出的四种学习方式是以学生在学习中的具体表现为分类依据的。这种分类方式与全视角学习理论所倡导的基于内部加工方式不同而提出的分类方式是高度对应的。被动学习方式对应累积学习，主动学习方式及建构学习方式对应同化学习和顺应学习，而交互学习方式因为是一种充分调动学习的三个维度的学习方式，所以更容易激发转换学习发生。因此，ICAP学习方式分类学虽然重点在描述学习过程中认知变化的过程，但却没有拘泥于认知这一狭窄领域，而是基于全视角视域，充分考虑了学习三个维度给出的主张。最终如同全视角学习理论所倡导的，卷入水平更高的互动方式会伴随着复杂程度更高的学习方式，学习效果也更好。也可以说，ICAP 学习方式分类学提倡参与度更高的学习方式，学习效果更好，即参与就是能力。

第二节　ICAP 为研究学习表现与
学习方式之间的关系提供依据

　　学习方式分类的角度大多是根据学习者心理内部加工信息的方式不同进行分类的，更多的是描述学习过程中心理的内部获得过程。这样的过程是具有内隐性的，这就使得学习者的学习方式无法在教学中被很好地捕捉，在教学与学习之间很容易产生断层。教师在进行教学设计时，只能凭借自我经验与感觉设计教学，尤其是指向学生学习的教学。而且理论的缺失使得教师在教学设计时，缺乏对学生学习方式考量的意识和行为，这直接导致改变学生学习方式仅仅停留于口号层面而缺乏实际行为体现。问题的解决有多种渠道，如项目式教学等教学方式被公认为可以较好地改进学生的学习方式。如果教师关注教与学的内部关系，寻找"基于学，设计教"的方法，ICAP 学习方式分类学可以提供很多指导与启发。ICAP 学习方式分类学的一大亮点是从学生外在行为的角度揭示了学生内在的学习方式。这使得学生学习过程中内隐的认知过程转化为外显的行为表现，这样有利于教师在课堂教学过程中捕捉、观察学生的行为，作为评价学生学习方式的依据，进而为预测学习效果提供依据。

　　学生在学习过程中采取不同的学习方式，就意味着学生采取了不同的信息加工方式，随之知识在学习过程中也将发生不同的变化过程，指向不同的变化结果。ICAP 学习方式分类学可以将上述内隐的认知过程转化为外显的行为表现，从而有助于教师捕捉和发现，而且学生各项能力的发展、个性的形成、自我的认识与发现都是通过自我的学习实践实现的。学生在学习中能否使用高阶学习方式，是否会学都将带来不同的学习效果，这又指向元学习的发展。学生在学习过程中拥有不同感受与印象，会或积极或抑制于自我动机，从而影响学习的动机维度。因此，学习方式的培养可以作为教师在教学过程中培养学生各项能力的最重要的抓手，通过教学设计引导学生在学习中采取高阶学习方式，丰富每一个学习过程，在充分的、深度的学习过程中实现学习效果的提升，进而更有助于育人目标的达成。

第三节　ICAP 学习方式分类学
是实证分析与实验验证的结果

　　ICAP 学习方式分类学框架是一种根据经验得出的猜想。针对这一猜想的合理性，季清华教授通过四类研究予以验证。这四类研究分别是：①四种参与方式的实验室研究；②文献获取的参与方式的比较研究；③针对记笔记、概念图和自我解释三种参与活动的两两对比研究；④真实的课堂研究。应该说，ICAP 学习方式分类学研究十分重要的特色是实证分析和实验验证，更为重要的是，实证分析与实验验证的过程可以为教学提供丰富的实践思路。需要特别说明的是，以下内容均摘自盛群力教授的两篇论文。（表 3 - 1、表 3 - 2）

表 3 - 1　参与活动方式、认知过程与学习结果

特征	被动（接受）	主动（操控）	建构（生成）	交互（协作）
外显活动举例	听讲课、看视频、读课文	逐字逐句记笔记，对句子画线	自我解释：提问	对搭档的贡献加以说明
可能经历的认知过程	"集中注意"的过程：此时的信息是没有镶嵌在一定的结构中的，而是孤立地储存起来的，没有做整合工作	"填补空缺"的过程：此时选择材料进行操控，激活原有知识和图式；新知识能够在激活的图式中进行同化	"推断与创造"的过程：此时能够做到新、旧知识相结合，精细加工，互相联系，比较对照、类比、概括、演绎、反思程序的条件，解释因果关系	"共同做出推断"的过程：此时需要与搭档一起经历生成过程，如互相说明对方的贡献，整合反馈意见和观点，协调解决冲突与矛盾，对已有的解决方案提出质疑和挑战等

续 表

特征	被动（接受）	主动（操控）	建构（生成）	交互（协作）
预期的认知结果	惰性的知识，没有适当的情境无法激活回忆；能够回忆死记硬背的知识	图式更加完整或者得到强化，提取更加便利和能更加有意义地回忆的知识，能够解决相同或相似的问题	产生新的推断，或者修复已有图式，或者丰富刚刚完成的东西；程序有意义、有理性并且得到证明	能够产生1+1大于2的效果，得出两个人都不知道的东西或者原来一个人不可能得出的认识
预期的学习结果	最浅层理解，死记硬背	浅层理解，浅尝辄止	深度理解，实现迁移	最深度理解，实现创新

表 3 – 2　ICAP 框架

类别	被动	主动	建构	交互
特征	趋近与接受	选择与/或操控	生成或产生	对话中合作
教学或学习任务　认知过程	以孤立、单一的方式储存信息	激活原有相关知识，以新旧知识结合的方式来储存	激活原有相关知识，推断新知识；使用激活的、推断的知识来储存新知识	激活、推断、储存以他人的知识为基础整合的建构
知识变化（作为认知过程的结果）	记忆在同一情境中	应用在相似的问题或情境中	迁移解决或解释不同问题	创造发明或发现新方法和解释
理解学习材料	最浅被动方式	浅层主动方式	深度建构方式	最深交互方式

注：假设一组不同的认知过程带来不同的认知变化，那么四种学习方式都可以采用外显的参与行为加以标识。

1. 四种参与方式的实验室研究

该项研究是基于材料科学的。以阅读一篇短文为载体，阅读的四种参与方式分别是：①仅仅阅读（被动方式P）；②阅读并在文中画出重要句子（主动方式A）；③在没有通读全文时先解释图表，该图表是文中描述的信息（建构方式C）；④在未通读全文时与同伴探讨图表（交互方式I）。比较这四种方式学习效果的前、后测数据，研究得出四种方式ICAP的顺序成立，学习成绩以8% ~ 10% 的比例依次递增。

2. 参与方式的文献比较

已有的教育心理学研究文献涉及大量研究参与方式的案例，以下两项研究分别可以对ICAP框架予以验证。在一项来自进化生物学领域的实验室研究中，3个学生分别选择3种不同的角色，并进行角色转换。确切地说，3种角色学习的外显表现分别是：仅仅听讲，即被动形式，因为外显行为在本质上仅仅是接受；总结，即主动方式，因为实验报告本身不会远离学习内容；对材料进行解释，即正确率百分比建构方式（图3-2）。如此我们可以在自我总结和给他人总结之间建立全面的分数段。3个学生轮流解释给自己或给他人，产生的结果显示学生在3种角色中的成绩，因为两种方法属于近迁移，另一种属于远迁移。图3-3表明3个学生依次参与从被动到主动，再到建构的学习，成绩越来越好。第二项研究中，一部分学生通过学习文本绘制相关图表（建构方式）；另一部分学生根据文本写总结（主动方式）；还有一部分学生仅仅阅读文本（被动方式）。正如ICAP假说所预计的，结果显示建构方式（画图表）小组在空间学习和知识掌握方面优于其他两种方式的学习。

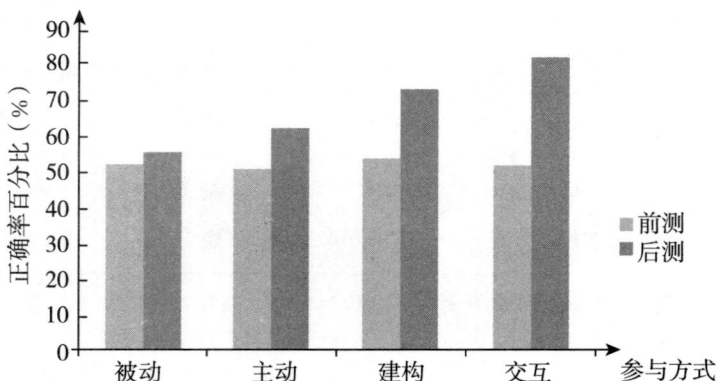

图 3 - 2

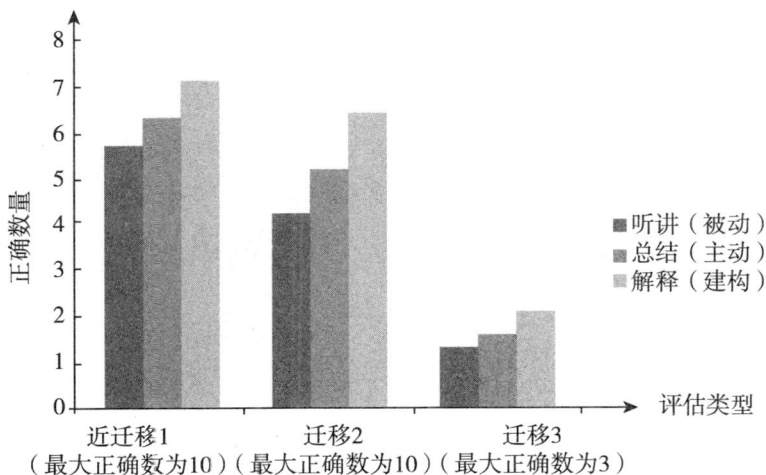

图 3-3

3. 针对记笔记、概念图和自我解释三种参与活动的两两对比研究

（1）参与活动之一——记笔记。

在文本学习中，记笔记是一种常见的学习策略，教师无须建议，学生会自行采用。如果学生逐字誊抄笔记，就是被动的学习方式，因为此时学生的关注点并没有真正放在教学中重要的部分上。如果学生用选择、复制、粘贴的方式来总结一篇文本或一堂课的讲义，可以认为是主动学习，因为学生学习并关注了关键的信息。如果学生用自己的语言进行总结，就是建构学习，因为学生通过总结，进行推理，创建结论。记笔记的方式会影响学生的学习效果，在实验研究中，采用主动学习方式的学生在记笔记时会画出每段中的关键语句，学习效果比被动地阅读段落要好。通过在线视频学习，进行形式自由的记笔记，以解决具体问题，可以看成建构学习方式，这要比被动学习方式效果更好，也比简单复制或粘贴文本进行记录的主动学习方式效果好。教师引导学生小组或同伴合作记笔记，是交互学习方式，表现了学生更愿意反馈和提问题的外显学习特征，因此，此时的学习效果是最好的。

概念图活动中不同学习方式的学习效果之两两比较（1）见表3-3。

表 3-3　概念图活动中不同学习方式的学习效果之两两比较（1）

类别	被动学习方式	主动学习方式	建构学习方式	交互学习方式
被动	已有研究不详			
主动	记笔记＞不记笔记 画重点线＞阅读	标示记录＝粘贴记录 过程即时总结＝完成 总结		
建构	用电子记事本记录＞ 不记笔记	自由形式记笔记＞剪 切粘贴	已有研究不详	
交互	已有研究不详	已有研究不详	合作式记笔记＞单独 记笔记（在笔记的 质量上，而不是学习 差上）	已有研究不详

注：浅灰色阴影格子是指采用了同一种学习方式；深灰色阴影格子是指相对无阴影部分来说的冗余研究；"＞"代表前者学习效果优于后者；"＝"代表前者和后者学习效果相等。

（2）参与活动之二——概念图。

概念图是将所学概念作为节点，并依据知识之间的关系，把节点有序地连接起来的图示。概念图经常用于课堂笔记以帮助学生理解听课内容和文本。例如，在生态系统的概念图里，有两个节点"狼"和"鹿"，中间可以用箭头连接，并标示"捕食"。创建概念图需要选择相关的概念，有条理、有层次地进行排列，并确定概念之间的关系。学生照着图式重新画一个概念图，这是主动学习方式，比仅仅读出概念图的被动学习方式效率高。创建概念图或修订概念图通常归为建构学习方式，因为学生通过对学习材料进行整合、推断或通过对原有概念图进行修改，可以生成新的概念图。研究发现，这种学习方式的学习效果比阅读文本、听讲和课堂讨论等学习方式的效果更好。合作绘制概念图（交互学习）则比单一地听讲、不画概念图（被动学习）的学习效果更好；合作绘制概念图比个人完成概念图的效果好，因为交互学习方式比建构学习方式更能促进学习成效的产生和提升。

概念图活动中不同学习方式的学习效果之两两比较（2）见表 3-4。

表 3 - 4　概念图活动中不同学习方式的学习效果之两两比较（2）

类别	被动学习方式	主动学习方式	建构学习方式	交互学习方式
被动	已有研究不详			
主动	复制图＞读图	已有研究不详		
建构	修订概念图＞读图 画概念图＋听讲＞听讲＋ 高难度主题＋低参与	画新的概念图＞ 选择概念图	已有研究不详	
交互	修订概念图＞读图＋讨论 听讲＋合作画概念图＞听 讲座	已有研究不详	合作绘制概念图＞个 人单独绘制概念图	合作绘制概念 图＞2个人资 源合二为一

注：深灰色阴影格子是指相对无阴影部分来说的冗余研究。

（3）参与活动之三——自我解释。

自我解释是指在学习过程中对概念或想法进行阐释的行为。季清华教授将自我解释带来的更好的学习效果称为自我解释效应。学生通过自我解释明确概念、产生新的思路或想法，通常可以看成建构学习方式，这是因为生成了新的推理或者以原有知识生成新的知识。例如，在实验研究中，教师让学生解释如何让一根木材保持平衡，是建构学习方式，比仅仅通过教师示范让木材保持平衡（被动学习）能更有效地促进学生的理解和认知。又如，以四人一组训练九年级学生数学题的求解时，要求学生自问自答，如"我的答案是什么"或"我解释清楚了吗"这样的学习方式归为建构学习方式。如果学生关注其他组员的结论，并提出问题，互相回应，如"他（她）的解释对吗？我怎么回答呢？"或是"我如何修正他（她）的解题方式和解释？"，这就是交互学习方式。实验证明，在解题的准确性和问题的解决上，交互学习组的分数明显高于建构学习组（同表 3 - 4）。

4. 真实的课堂研究

在课堂观察研究中，ICAP 学习方式分类学对学习效果的影响也有据可依。

例如，两个学生听课，其中一个学生得到一份只有部分内容的讲课提纲，另一个学生则得到了详细的课堂记录，观察两人在课堂中记笔记的表现和学习的效果。得到讲课提纲的学生在记录速度和记忆效果上比提供了详细课堂记录的学生明显具有优势。利用部分提纲，补充完善笔记，即主动学习；而提供了完整课堂记录的学生则会放弃主动参与，只靠被动聆听。同样，在课堂观察中，要求学生绘制概念图（建构学习）比单纯地让学生参与全班讨论（被动学习）的效果更好。这是因为，全班讨论中实际上只有个别学生参与讨论（建构学习），大多数学生只是被动聆听。亨德里克斯在一个研究因果关系的课堂观察中发现，学生和同伴讨论要比仅仅观察教师直接给出解释的学习效果好。与同伴探讨的过程是交互性的参与，而仅仅观察教师给出解释则是被动学习。另外两个课堂观察则对比了交互学习方式和主动学习方式。在一个课堂中，应用合作学习中的"切块拼接法"（不同小组指派一位成员临时组成一个"专家学习小组"，共同协作讨论主题，然后解散临时专家小组，各自回到自己原来的学习小组中，将自己在"专家学习小组"得到的理解解释给小组其他成员，这一过程采取的是交互学习方式）比每个学习者独自收集信息（主动学习方式）更能提升学习的效果。在另一个课堂研究中，同伴间的指导（交互学习方式）比记笔记（主动学习方式）的学习效果更好。在另一些的课堂研究中，自我解释并接受其他同伴反馈的学生（交互学习方式）比仅仅会自我解释而不接受反馈的学生（仅仅采取建构学习方式）学习表现更优秀。

第四节　ICAP 学习方式分类学
对教学的启发

ICAP 学习方式分类学告诉我们，学习活动有不同的方式或类别，与之相一致的外显行为会引发不同的知识变化过程或者学习过程。基于一组知识变化过程，每种学习方式能够预测不同的学习水平，交互学习水平高于建构学习水平，建构学习水平高于主动学习水平，主动学习水平高于被动学习水平。（I＞C＞A＞P）学习方式中根据交互水平的高低，能够预测学习效果的好坏或者学习程度的高低。

一、教学设计中通过学习活动设计推动学习方式转变

在推动学习方式的转变这一问题上，笔者认为最重要的环节是通过教学设计推动学生学习方式的转变。学生的在校学习是一种特殊情境下的学习，是在校园内且在教师组织下开展的学习，学生采取怎样的学习方式进行学习在很大程度上是由教师主导的。因此，教学设计中的学习活动设计环节对于推动学生学习方式转变至关重要。ICAP 学习方式分类学正是将学习活动、学习方式、知识变化过程、学习结果这几个构成学生在校学习的非常重要的因素结合起来，为教学设计提供了有理论指导的明确的方向。

下文以学习活动设计为例进行分析。《普通高中数学课程标准（2017 年版2020 年修订）》（以下简称《课标》）提出：教师要把教学活动的重心放在促进学生学会学习上，积极探索有利于促进学生学习的多样化教学方式，不仅限于讲授与练习，也包括引导学生阅读自学、独立思考、动手实践、自主探索、合作交流等。教师要善于根据不同的内容和学习任务采取不同的教学方式，优化教学，抓住关键的教学与学习环节，增强实效。

教学设计中学习活动都包括哪些方式呢？这些不同的学习活动（教学方式）将引导学生采取怎样的学习方式呢？下文就这个问题做出以下探讨：

（1）关于教师讲授式。讲授式是最常见的教学方式，可以说每节课都离不开这个教学方式。

我们不主张教师一言堂的讲授方式，这样的教学方式必然指向学生被动学习，是对学生思维的一种限制，数学的魅力之一不正是思维的自由吗？我们主张的是教师在课堂讲授中根据知识特点及学生认知基础，合理加入一些学习环节，指向更复杂的学习方式。更复杂的学习方式是指建构学习或交互学习，顺应学习（知识重构）或转换学习（意义重建）。就数学而言，更复杂的学习方式应该围绕思维开展，让更多学生主动思考，学会思考，能独立思考将是核心要素。例如，教师在讲授中增加了记笔记环节、提问环节、独立思考环节、小组讨论环节等。增加的每一个环节都要从认知基础、知识特点、指向的学习方式这三个方面入手。在课堂讨论中，一个学生发言之后可以让其他学生提出自己的见解，或补充，或质疑，或提出不同思路。这样的方式将最大限度地激发学生采取建构学习方式甚至是交互学习方式。在课堂中的共同讨论环节，提问方式不同也可以扩大激发学生采取交互学习的范围，如随机提问，或者依据学生课堂反应有针对性地提问：对于面露疑惑的学生可以主动提问，鼓励学生说出疑惑，然后让其他学生解答；对于跃跃欲试的学生可以主动提问，分享自己的见解。

（2）关于记笔记环节。照抄笔记、照抄解题过程无疑是被动学习方式，教师一边讲解，学生一边记笔记，尤其是讲解内容难度较大时，这样的方式也是不利于学生课堂思维发展的。如果教师能够在思维需要高度集中的环节启发学生紧跟课堂节奏，之后留给学生记笔记的时间（在记笔记时能够在加工之后记忆，如提炼关键环节、提炼自身感悟等，这样经过深度加工之后，指向建构学习），那么学习效果自然更好。因为数学上的认知深度加工的过程自然是深度思考的过程。

（3）关于阅读自学。如果仅仅是看书理解其中的知识则是被动学习或主动学习；如果能够在阅读的基础上形成初步的知识网络，对关键问题给出自我解释或提出疑问就是建构学习，只有达到主动学习或建构学习，阅读自学才是复杂的学习方式；如果后续再就关键问题增加讨论环节，那么阅读自学就是在为交互学习奠定基础。这样的学习方式对于学生完全掌握知识肯定比被动讲解效果更好。

（4）关于合作交流。合作交流形式上可以是课堂上就某个问题（如新课学习中的关键问题、习题课中发现的问题）在一定范围内进行讨论，如同桌或小组开展讨论，也可以是"专家学习小组"的形式，即教师首先培训各个小组的组长，之后再各个组讨论。注意：合作交流一定要在有各自独立的充分思考之后进行，没有思考的交流只能流于形式；交流要保证每个学生都投入其中，要提前培训每个组的交流流程，要认真观察每个组的交流情况。

（5）关于学生讲解。有些内容可以让学生"备课"，学生讲解。其实学生讲解也是一种很好的学习方式，参与讲解的学生可以站在教师的视角备课，这样备课更充分，理解更到位，对知识的加工更细致，不仅可以激励学生学习的热情并帮助学生建立自信，更重要的是可以帮助学生体会什么叫作"加工知识"，什么叫作"逻辑清晰"。这样的体验对于学生来说是非常重要的，对学生后续的学习是很有帮助的。当然，这种学习方式也有不足之处，学生的讲解毕竟不如教师功力深厚，听讲的学生容易处于被动学习状态。这就需要教师采取多项措施，如全员备课、每个学生做好讲解的准备（设置自由提问、轮流总结等特定环节，以及一题多解等方式），充分调动更多学生共同进行思考和表达，通过积极活跃的深层次加工与交流实现交互学习。

二、作为评价学生学习及后续教学的依据

我们追求教、学、评一致的评价体系，基于学生的学设计教学，基于学生的课堂表现评价教学，就是很好的评价教学的方式。对教学的评价不应只看结果，而应在整个学习过程中渗透对教学尤其是对学生学习的评价。ICAP 学习方式分类学为教、学、评一致的实现提供了非常好的理论基础。例如，在我们的教学设计中，学习活动的设计是在学习过程中就提出的问题独立思考后再小组讨论，指向建构学习和交互学习。观察这个过程，能够积极交流的学生基本实现了建构学习的目标继而进行交互学习，而如果全程没有发言只是听其他同学讲解的学生则停留在低层次的学习状态。又如，我们的学习活动设计是记笔记，指向主动学习和建构学习，那么只能照抄笔记的学生就只是实现了被动学习，没有伴随对知识的加工。再如，我们的学习活动设计是总结笔记，那么只有给

出解题过程的学生和说出个人感悟的学生，他们的学习方式才是不同的。通过这样的方式，教师可以随时观察、评估学生的学习状态，观察学生采取了怎样的学习方式，从而评价这节课或者这个作业的效果。

学生学习困难往往是学习中缺乏对知识的深度加工造成的。也许是早期的不感兴趣、不够用心、不够专注，使得数学学习长期停留在对知识的浅层次加工上，随之带来不好的学习效果，如记忆时间过短，没有理解清楚，技能掌握不足等情况出现，其本质上是思维能力不足甚至不会有逻辑、有依据地思考问题。对于出现以上问题的学生，最根本有效的方法是校正学生的学习习惯，教学生采用深层次加工信息的方法，提升学生的认知效果。同时，在改变中让学生感受自己的进步，逐步建立自信，并且愿意表达自己的想法，在循环的积极互动中一步步提升自我。由此可见，教师应从三个维度充分调动学生的学习状态，其根本环节就是优化学生的学习方式，这就需要在了解学生的学习方式的基础上采取个性化指导策略。ICAP学习方式分类学在教、学、评一致方面的良好效果，为教师有效地对学生进行个性化的指导提供了方法。在学生认知基础上，调动学生采用效率更高的学习方式，在学习过程中评价学生采取的学习方式的情况，之后在对学生充分了解的基础上对学生进行有针对性的指导，这样的指导必然是个性化的、以人为本的，也必然是有效果的、可以提升效率的。例如，在课堂听讲环节，如果经过一个充分建构定义的过程，学生依然无法给出定义的关键词，那么学生往往是在被动学习方式，往往缺乏深层次加工信息的能力，这时就需要教师了解学生当时的思考状态，通过对学生思维状态的呈现进行分析与交流，指导学生学会思考。又如，在记笔记环节，如果学生只是照抄笔记，那么显然学生采取的是累积学习或被动学习，那么教师就需要及时指导学生通过怎样的方式记笔记才会有更好的效果。这些有针对性的指导在每天的教学中、在每天学生的学习中积累下去，必然可以促进学生学习方式的改变，呈现出良好的效果。我们如何理解学习方式的转变呢？对于每一个学生，逐渐学会思考、学会学习，哪怕每天都有一些进步，积累之下必然可以实现大幅度的进步，这既是学习方式的转变，也是学习能力的提升。

三、参与即能力

布卢姆对"学习的程度"的解释是必要学习时间与可用学习时间之间的合

理比例。他提出一个著名的公式：学习度 $=f$（实际学习时间/必要学习时间）。布卢姆"掌握学习"模式的所有操作措施都是从"时间就是能力"这一革命性理念衍生出来的。与布卢姆不同的是，合作学习的倡导人物约翰逊兄弟等人也提出过另一个革命性理念，即"关系就是能力"，因为在合作学习中创设了一种能力多样互补与相互关联互动的学习小组，使得共同体不同成员能各得其所、协同发展。"关系就是能力"中的关系是指一种状态，是人与人之间动态的相互作用、相互影响、相互依赖、相互比较的体现形式，它是要通过具体行为来建立、维系和作用的，同时它也是具有关系的个体共同努力的一个结果。在关系中保持一种想要达到结果的状态是能力，在合作学习过程中让相互的关系产生积极的作用同样也是一种能力的体现。这种能力尤其在交互学习方式中对结果的达成也会产生积极的作用。ICAP 学习方式分类学的倡导者有没有这样的革命性理念呢？答案是有。ICAP 学习方式分类学的研究实际上提出了这样一个认知："参与就是能力。"这句话也可以表述为"活动就是能力"和"交往就是能力"。依据学习活动的四种方式（被动、主动、建构与交互）、知识变化的四个过程（储存、选择、推断与协同推断）、知识变化的四种结果（记忆、应用、迁移与共创），相应地产生了四种不同的学习程度：第一种学习程度是最浅层理解，第二种学习程度是浅层理解，第三种学习程度是深度理解，第四种学习程度是最深度理解。其中，深度理解意味着效率，意味着元学习能力的提升，意味着良好的学习效果。

人本身是具有社会性的，而交互式学习与单一的被动接受知识不同，与主动学习时的探究不同，与建构学习过程中思考后知识体系融合也不同，它是在三种方式的基础上与人沟通交流，通过两人或多人思路的交叉与重叠，再与原有知识体系的组合重建产生新知识，因其是通过类似社交性活动而产生的，在学习者心理的接受度要更高。这个过程是自我类社会性活动的参与和体现，是对自我评价的过程。知识的获得让自我获得了肯定的评价，从而增强了内心自信，外显在行动上就是更积极、更有意义和动力地参与学习，因此从社会性层面讲交互学习在学习效率的提升和阶段性的学习过程中，有极其重要的意义。

有人认为，教育中教师的行为作为学习的客体一直在起着指导和引导的作用，这也具备交互的社会性，但为什么没有比与学习者之间的交互更有意义呢？这是因为师生之间存在年龄、知识阅历、身份地位的诸多差异，导致学习者在潜意识中将教师放在了特殊的位置上，而非年龄、知识阅历、身份地位都几乎相同的学生之间的平等关系。实际上教师在学生学习过程中只是进行知识的阐述、学习方法的指导，并非与学生共同学习未知知识。学生在跟随教师学习过程中，大大降低了其社会性的意义。但同时我们也发现，以单纯教授知识为行为目的的教师，在教育行为中更注重与学生保持距离，注重自身地位的保持，与平易近人、更有亲和力、愿摆脱身份认同、与学生共同学习的教师相比更容易与学生产生交互式学习效果，在学习过程中也更具备产生社会属性的可能性，这个问题还有待我们积极地探讨。

人类的社会属性取决于其嵌入社会结构中的现状。在社交评价中得到尊重和认可以及自我价值得到体现是马斯洛需求层次理论最高的两个层级的需求，是人类发展演变过程中产生的心理需要。学习者内心强化了，通过交互学习获得了知识的价值和意义，从而更好地提升了学习效率，因为这原本就是听从了内心指引的结果。

第四章

深度学习理论

第一节 深度学习理论的发展

一、深度学习理论在国外的发展

深度学习是当下较为火热的一个概念，和深度学习相关的概念还有真实学习、深度思考等。深度学习源于两方面研究：计算机领域中的"机器学习"（人工智能）研究以及教育领域中的学习研究。伊恩·古德费洛等3位全球知名的深度学习领域专家在《深度学习》一书中这样说道："一般认为，到目前为止深度学习已经经历了三次发展浪潮：20世纪40年代到60年代深度学习的雏形出现在控制论（cybernetics）中，20世纪80年代到90年代深度学习以联结主义（connectionism）为代表，而从2006年开始，以深度学习之名复兴"。

计算机领域的机器学习相对于教育领域的深度学习范围更为广泛，影响也更为深远，这方面的海量研究最终积淀为后续研究与生俱来的基因———大脑内部极为复杂的信息加工。据研究，最早抢注"深度学习"概念的是机器学习领域。对机器学习进行研究，实质上是对人的意识、思维和信息过程的模拟，是一门人工智能的科学，而深度学习是机器学习中表征学习方法的一类。学习数据的正确表示的想法是解释深度学习的一个视角，另一个视角是深度促使计算机学习一个多步骤的计算机程序。

在教育领域，深度学习的起源可以追溯到20世纪50年代，布卢姆在《教育目标分类》一书中关于认知领域目标的划分是记忆、理解、运用、分析、综合、评价。这一目标维度的划分本身就体现了学习有深浅之分的思想。国外教育领域中的深度学习概念最早由来自瑞典歌特堡大学的马顿（Marton）和萨乔（Salio）提出。两位专家于1976年联名出版了《学习的本质区别：结果和过程》一书，提出了深度学习的概念，指出深度学习是一个知识的迁移过程，有助于学习者提高解决问题并做出决策的能力。之后，许多学者纷纷加入深度学习的研究行列，其中比较著名的有澳大利亚学者比格斯（Biggs）和柯利斯（Colis），他们于 1982 年基于皮亚杰的认知发展阶段理论，提出 SOLO（可观察的学习结果的结构，是 Structure of the Observed Learning Outcome 的缩写）分类理论，依据学习结果的复杂性进行分类，学习分为学习结果的前结构水平、单一结构水平、多层结构水平、相关结构水平和拓展抽象水平五个层次。

进入 21 世纪，2006 年加拿大多伦多大学欣顿教授和他的学生在《科学》上发表了一篇关于深度学习的文章，掀起了 21 世纪深度学习在学术界的热潮。威廉和弗洛拉·休利特基金会（The William and Flora Hewlett Foundation，WF-HF）通过对相关领域专家的深度访谈和详细的文献综述，将深度学习阐释为学生核心学业内容知识的掌握、批判性思维与问题解决、有效沟通、协作能力、学会学习、学术心志六项能力的发展。美国国家研究理事会（NRC）在全面分析不同学科领域的理论和研究的基础上，将深度学习定义为"学习者将某一情境下所学的内容应用于新情境的过程"，并将学习者在深度学习中发展的能力具体划分为三个领域：认知领域、人际领域和自我领域。美国研究学会发起的"深度学习"研究将 WFHF 所界定的六维深度学习能力与 NRC 划分的认知、人际和自我三个领域加以匹配，由此得到了一个关于深度学习的研究和实践的兼容性框架表。这个阶段研究上的突破都充分考虑了社会文化因素，具有全视角的特性，是一种比较完整的关于深度学习的理解。2011—2014 年 WFHF 建立了深度学习共同体（AIR），并吸纳了 10 个学校网点加入其中；2014 年，在 WF-HF 的资助下，AIR 从 10 个学校网点中选择了 19 所实验学校进行了一项广泛而深入的深度学习研究。研究证明，实验学校中聚焦深度学习的教学的确能改进学生的学习成果，尤其能够推进高阶思维能力的培养，并且经历深度学习理论指导过的学生，在认知、人际和自我领域能力均显示出更高的水平。

二、深度学习理论在国内的发展历程与现状

深度学习的思想在我国经典著作中早有论述。例如，《学记》中的"豫""时""孙""摩"教学原则及"道而弗牵，强而弗抑，开而弗达"的教学思想、《论语》中"学而时习之""温故知新"的学习意识、《中庸》里"博学之，审问之，慎思之，明辨之，笃行之"的为学思想等，皆与当下提倡的深度

学习的本质有异曲同工之处。在我国以深度学习为主题，并与教学相结合的研究中规模最大、级别最高、研究最全面的是教育部基础教育课程教材发展中心（以下简称"中心"）组织的以"深度教育""深化教育改革"为主题的名为"深度学习教学改进项目"的研究。从 2014 年 9 月起，该中心组织专家团队，在借鉴国外相关研究成果和总结我国课程教学改革经验的基础上，着手研究开发"深度学习教学改进项目"，将其作为深化基础教育课程改革的重要抓手和落实学生发展核心素养及各学科课程标准的实践途径。该项目成立了由高校专家、教研员、校长和骨干教师组成的项目研究组，对深度学习的基本理论和实践模型进行了研究，提出了基本理论框架，认为"深度学习是在教师引领下，学生围绕具有挑战性的学习主题，全身心积极参与、体验成功、获得发展的有意义的学习过程，并具有批判理解、有机整合、建构反思与迁移应用的特征"。同时，依据基本理论框架构建实践模型，指导教师围绕教学设计和教学实践开展研究与实验工作；鼓励教师积累教学设计案例。该项目先后在北京、重庆等地的 15 个实验区的 90 多所实验学校开展实验。经过 4 年的研究与实验，该项目取得了阶段性成果，项目组决定在总结项目研究成果的基础上，预出版深度学习教学改进丛书，包括《理论普及读本》《学科教学指南》和《教学案例选》。其中，《理论普及读本》（已出版）旨在通过项目组专家对项目基本理论和实施策略的解读，帮助广大教研人员和教师理解项目的基本理念和实施策略。《学科教学指南》包括初中 10 个学科，旨在为广大教研人员和教师提供相关学科实施深度学习的基本思路和操作指南。《教学案例选》将遴选在项目研究与实践中形成的优秀典型案例，旨在为教师开展深度学习、教学改进项目实施提供参考。尽管"深度学习教学改进项目"取得了阶段性成果，但是这些成果还只是初步的，无论是理论层面还是实践操作层面都还很不完善，需要不断丰富和发展。

除了以上"深度学习教学改进项目"之外，国内学者逐渐开始关注基于深度学习的学习模型的研究。"深度学习教学改进项目"提出基于整体观点的单元教学模式。2016 年，中南大学刘中宇等人提出依托技术创新和环境支持构建基于深度学习的个性化学习模型，主要从学习交互、实践、知识深加工及智能导学等方面出发，以期帮助学习者在当前碎片化学习形式下提高学习效率，促进学习者构建个性化的知识结构体系。2017 年，张立国等人在建构主义的基础上提出基于问题解决的深度学习模型，将问题解决作为一种途径以锻炼学习者的深度学习能力，并在这个过程中培养学习者的批判思维能力。随后，余胜泉等人提出深度学习的意义不仅在于知识内容的建构，更重要的是利用蕴含在社会人际网络中的集体智慧，形成丰富的社会知识网络，提出针对线上学习基于学习元的双螺旋深度学习模型。这一模型反映了一种社会互动、群建共享、认知递进的深度学习理念，以期培养学习者的批判性学习能力及实现深度学习的目标。对深度学习模型的研究主要是在学习科学的视域下进行的，主要目的是促进学习者的理解性学习，从学习者个人、学习同伴的交互以及学习者综合能力的发展出发，达到学习者深度学习的目标。崔允漷教授提出实现深度学习的有效途径——学历案。学历案是指教师在班级教学的背景下，为了便于学生自主建构经验，围绕某一相对独立的学习单位，对学生学习过程进行专业化预设的方案。一份学历案的基本要素包括：①学习主题/课时；②学习目标；③评价任务；④学习过程（学法建议、课前预习、课中学习）；⑤检测与练习；⑥学后反思。

在数学教学领域深度学习的课题研究更多聚焦某一具体方面，如《初中数学深度学习资源建设的实践与理论研究》《元认知训练促进初中生数学深度学习的行动研究》《促进数学学科能力提升的小学数学深度教学研究》《小学数学核心问题导向的深度教学研究》《数字环境下小学生深度学习的实施策略研究》《基于核心问题的小学数学深度学习的实践研究》《小学课堂深度学习的有效路径研究》《小学数学核心素养视角下深度教学的策略研究》《深度学习视角下小学数学核心内容教学研究》《以学历案为载体的高中数学深度学习研究》《基于WTL形式高中数学深度学习的实践研究》《深度学习能力培养策略研究》等。以上多为各个省级"十三五"规划课题，甚至题为《大面积促进初中生深度学习的教学行动研究》是全国教育科学"十三五"规划课题，《基于深度学习的小学数学说理课堂的实践研究》是教育部重点课题。

从以上研究方向可以看出，多数课题研究聚焦学段是小学阶段，高中阶段相关课题的研究相对较少。以上研究主要聚焦深度学习在教学中的实现途径，有些是与核心内容、核心问题相联系，有些是核心素养视角之下深度学习的实现，有些是宽泛的实现途径，有些是基于某种做法在实现深度学习的过程中的应用与效果。以上研究也各自得出了自己的研究成果，如《大面积促进初中生深度学习的教学行动研究》的课题研究在郭华教授观点的基础上进一步从概念深剖、探索领悟、思维递进、运算熟练、问题变式五个方面谈了深度学习的实现，提出教师对教学内容的深度理解、学生认知情况的深度分析是进行深度学习的出发点，恰当且有深度的学习目标是导航，好的引导问题、有吸引力的学习活动是深度学习的核心和关键，精准及时的评估是深度学习的保障。课题《初中数学深度学习资源建设的实践与理论研究阶段性成果》指出，如何将低认知水平、中等认知水平、高认知水平的教学任务向深度学习的问题转化，如何将数学教学任务转化为深度学习问题，并不是将问题搞难，而是尽可能避免教学任务被转化为浅层的反复机械训练的数学题目，并在此基础上激发学生的学习意向，使其能够探查知识的核心，发展高阶思维能力。《基于深度学习的小学数学说理课堂的实践研究》指出，说理课堂是指立足于学生已有的认知基础，通过唤醒学生的认知经验，创设富有张力的问题、情境，在教师适时、适当的问题的启发下，留给学生充分交流互动的时间和空间，启发学生自主说理、辩理，激发学生对知识的深层思考，使学生理解数学和知识本源，进而提升数学素养。通过系统学习，分析以上研究，可见，学界普遍认为深度学习是实现培养学生核心素养、实现教育目标的有效途径，为改变学生学习方式提供了方向和途径。值得广大教师思考的是：①深度学习作为一个新的词汇，甚至作为一个舶来词汇，其含义到底应该是什么？如何和我国的教育目标和教育实际结合。在此要打破以"自以为"的深度来理解深度学习的随意性，甚至以不明故里的理解来指导教学。②深度学习如何评价？科学的评价方法可以有效保证教学有序开展，并遵照标准进行推广，形成规模效应，因而避免盲目和随意。③深度学习如何实现？在此不应是老方法冠以新概念就成了新做法，而应该是立足于教学、立足于学生实际的一系列方法，能够行之有效地提升教学水平和教学质量，为学生的发展提供技术支持的新型技术手段。

第二节　深度学习的概念

在此笔者想引用"深度学习教学改进项目"组对于深度学习的概念来做解释。所谓深度学习，是指在教师的引领下，学生围绕具有挑战性的学习主题，全身心积极参与、体验成功、获得发展的有意义的学习过程。在这个过程中，学生掌握学科的核心知识，理解学习的过程，把握学科的本质及思想方法，形成积极的内在学习动机、高级的社会性情感、积极的态度、正确的价值观，成为既具独立性、批判性、创造性又有合作精神、基础扎实的优秀的学习者，成为未来社会历史实践的主人。

以上定义得到了业内学者及众多一线教育工作者的普遍认可。

全视角学习理论强调要从内容、动机、互动三个维度理解学习，这三个维度都是活跃的，学习才是一个良好的状态。这三个维度实际上对应认知领域、情绪动机、社会属性这三个方面。深度学习恰恰是对三个维度都兼顾的一种良好的学习状态。

从认知领域来看，深度学习是有意义学习。这一定义说明，从认知角度来看，深度学习绝不是机械学习，绝不是浅层学习，当然也可以说不是学习方式中的累积学习。深度学习强调知识的意义建构，需要较多认知投入，需要对学习对象做复杂的交互与加工（如编辑、重构、比较、绘制概念图等），往往组合和序列化多种简单学习行为（如探究、协作等），通过这些方式建构起原有知识图式与新知识之间实质性的联系。也就是说，深度学习不是人为的，而是有逻辑的，是新、旧知识之间深度连接的学习。从这个角度来说，认知领域的诸多理论都可以对教学起到指导作用。尤其是可以将理解学习内容、研究学习活动与学习方式之间的关系以及研究学习评价作为重点。

而只有认知领域的参与是不够的，人不可能是学习机器，人的个性品质、兴趣爱好等属于感性的因素，可以影响学习并且在学习中被培养，形成学习者本身的特质。人的强大学习潜能值得被尊重并且应该被好好激发，人生的意义和幸福就在于运用和享受人的精神能力。因此，在教学中动机维度肯定是要被考虑进去的。在这方面，深度学习理论也和全视角学习理论是一致的。深度学习应该使得学习者全身心投入学习，领略知识的魅力，懂得学习的方法，建立学习的自信。学习者通过从认知出发的对学习的良好体验，形成积极的内在学习动机，这一良好的动机又反过来促进良好的学习状态的形成，形成高级社会性情感及正确的价值观，从而为核心素养的发展、育人目标的实现奠定基础。而动机的充分调动既是深度学习的一个特质，也是教学设计时要考虑的内容。试想，如果持续面对高难度题型，持续面对故弄玄虚的知识，学生在学习中持续感受到难、不理解，持续处于不知道为什么学等状态，即使一个成人都受不了，更何况是还要接受考试检验的学生。

在动机领域，为促进深度学习的发生，笔者认为值得研究的方向是：如何促进学生全身心地投入学习？是否全身心投入的评价标准是什么？哪些做法可以鼓舞学生？例如，通过给学生充分思考的时间，让学生深度思考降低学习难度，充分进行新、旧经验的融合，以此鼓励或激发学生学习的兴趣；通过与同学、老师的良好互动，形成良好的学习氛围，在互助合作中共同进步等。由此可见，动机维度的考量绝不仅仅是情绪、态度、动机，更是在学习中的体验、感悟。

在互动维度，深度学习倡导学生在学习中形成合作精神，成为社会历史实践的主人。高级的社会性情感、积极的态度、正确的价值观不是闭门造车就可以形成的，而是在学习过程中，通过与环境、与人、与社会的互动，并且在互动过程中通过自我意义建构逐渐发展形成的。这一维度的学习为学生由封闭的校园学习走向开放的学习奠定了扎实的基础，是学习的重要环节。立德树人根本目标的实现、学科育人价值的形成，都需要在真实的情境中，通过活动、互动实现。

由以上分析可见，深度学习是三个维度都积极调动、都活跃的一个学习状态。如果学生都能全情投入学习，三个维度和谐积极发展，通过更好的学必然能促进更好的发展。

第三节　深度学习的"深"体现在哪里

探讨深度学习的"深",对于学校教学或在校学习来说,应该从两个角度来分析:一是学生的角度,二是教师的角度。

一、深度学习的"深"应该是一种深度投入的状态

要实现深度学习,学生的感觉肯定是安全的、心无旁骛的。很多课堂因为督促学生跟进,反而给学生压迫感,这其实就是没有营造让学生安心学习的氛围。如何才能营造出让学生安心学习的氛围呢?这就需要教师在语言、提问、态度、主张等方面呈现出一种良好互动的状态,使学生不害怕提问,知道即使回答错了也没有关系。只有教师彻底放开课堂,既通过说又通过行动表达"老师鼓励你们发言""老师欣赏你们的每一个思维的闪光点""老师重视你们的疑惑""答错了没有关系"等,学生才能逐渐建立这样的安全感。这其实就是"场"的营造,对于课堂教学是非常重要的。

深度投入的表现是:学生全身心地投入学习,思维上始终紧跟课堂节奏,或听教师讲授,或独立思考,或合作探究,都是思维投入、专注、积极的状态。课堂是学生学习的主阵地,如果课堂学习深度投入,学习效果自然好,否则就是一个恶性循环。就数学学习而言,很多学生学习困难都是长期在课堂上思维无法积极、投入思考引起的。那么我们所认为的学生思维积极、投入的状态这一表象背后意味着学生如何学习呢?笔者认为,学生的学习动机应是强烈的,有强烈的意愿学习甚至对所学的内容感兴趣,更重要的是学生的思考能力,或者说深度加工新、旧知识的能力与课堂节奏及学习活动要求是一致的。因此,要实现深度学习,对于数学来讲思维能力是重中之重,课堂教学的核心目标也应该是发展学生的思维能力,让学生有逻辑地思考,并爱上思考。当然,数学

课堂仅仅具有思考能力是不够的，还需要具有抽象能力、运算能力等，这样学生才更易于投入学习。但不可否认的是，学生如果不会逻辑地思考问题，很多其他能力也是发展不起来的。那么如何让学生具备逻辑思考能力呢？这和其他一切能力培养的必经之路一样，需要练习。从最初手把手地教给学生逻辑推理，到不断提供新的知识、情境、问题给学生练习，并且让学生在练习中不断领悟新的经验，在新、旧经验融合中，实现越来越会思考的目标。没有经过这样一个扎实的过程，对于学生尤其是小学、初中阶段思维能力培养得并不好的学生来说，高中的学习将会非常吃力。全视角学习理论、有意义学习理论及 ICAP 学习方式分类学都为我们提供了宝贵的指导。那么进一步的问题，这些供学生思考的素材从哪里来呢？题目的练习是一方面，最重要的是课本知识。通过对课本知识的学习，学生不仅学习了新的知识，为进一步学习储备了更多素材，而且重要的是在学习过程中培养经历、感悟及能力。

当然，学生的心灵是愉悦放松的，思维是积极投入的，身体自然也是投入学习的状态。这样一个身心全情投入的状态就是一个深度学习的状态。

二、深度学习的"深"体现在深度互动上

学习本身就是一个互动的过程，与同学之间互动，与老师之间互动，在互动中共同学习、共同进步。就像 ICAP 学习方式分类学指出的那样，参与即是能力，越投入学习效果越好。这样的互动要实现深度，必然不是一言堂，既不是老师全程讲，学生全程听，也不是生生之间没有思考的互动，在各自没有充分思考的情况下的互动是没有任何意义的。因此，要实现深度互动，教师要有启发学生思考的好的问题，既要给学生充分思考的时间，也要给学生充分交流的时间，须致力于组建学习共同体。

就教师而言，作为学生学习中的主导者，学生要实现深度学习，教师也要有深度教学的状态。深度学习主张学习活动中要有更多学生实践的环节。这就需要教师深度理解学习内容，思考如何设计学习活动，如何了解学生认知情况，如何在学习活动中观察学生的学习情况，如何评价学习效果。没有教师的精心组织，就没有深度学习发生。试想一个无序的课堂又怎么可能有深度学习发生呢？在整个教学过程中，教师应该是深度投入的状态，教师的全情投入、感情丰富、充满激情也必然会感染学生深度投入学习。

第四节　深度学习的特征

在此笔者想引用《深度学习：走向核心素养》一书中对深度学习特征的描述，深度学习有五个特征，这五个特征是判断深度学习是否发生的重要依据。

一、联想与结构——经验与知识的相互转化

联想与结构既指学生学习方式的样态，也指这样的学习方式所处理的学习内容（学习对象）。

作为学习方式的样态，联想与结构回答的是人类认识成果（知识）与学生个体经验的相互转化问题。唤醒或改造以往经验的活动可被称为联想，而以往经验融入当下教学并得以提升、结构化的过程可被称为结构。知识不是词语的简单组合，而是有内在联系的结构与系统，并在结构或系统中显出它的意义。

二、活动与体验——学生的学习机制

活动与体验是深度学习的核心特征，回答的是深度学习的运行机制问题。活动是指以学生为主体的主动活动，而非生理活动或受他人支配的肢体活动；体验是指学生在活动中产发的内心体验。若是主动活动，必会引发内心体验；理性而高尚的体验必然是在有意义的社会活动中产发的。

三、本质与变式——对学习对象进行深度加工

本质与变式回答的是如何处理学习内容（学习对象）才能够把握知识的本质从而实现迁移的问题。把握本质的过程既是去除非本质属性的干扰、分辨本质与非本质属性的过程，也是对学习内容进行深度加工的过程。学生把握本质

后便能举一反三，由本质而幻化出无穷的变式，实现迁移与应用。把握知识本质的学习过程能够使学生学会学习，形成对学习对象进行深度加工的意识与能力，提升学生的智慧水平，加强学生与知识间的内在联系。

四、迁移与应用——在教学活动中模拟社会实践

迁移与应用回答的是知识向学生个体经验转化的问题，即将所学知识转化为学生综合实践能力的问题。在深度学习中，迁移与应用既是重要的学习方式，也是对学习结果的检验方式。迁移与应用更重要的意义在于，它不仅是学生在教学活动中对未来将要从事的社会实践的初步尝试，更是教学具有教育性的重要体现。

五、价值与评价——"人"的成长的隐性要素

价值与评价回答的是教学的终极目的与意义的问题，即教学是培养人的社会活动，要以人的成长为旨归。价值与评价虽然不是教学中某个独立的学习阶段和环节，却萦绕在各个阶段、各个环节的所有活动中。这其实是从学习方式的角度描述深度学习。

联想起原有认识将新知识结构化加工之后储存，从全视角学习理论的角度来看，这是顺应学习甚至是转换学习；从 ICAP 学习方式分类学的角度看，这是建构学习或互助学习，当然也是有意义学习。无论哪一种学习方式都指向对新、旧知识的深度加工甚至是意义重建。因此，深度学习所倡导的学习方式我们可以称之为高阶学习方式，并且学习方式在学习中也可以得到发展。而机械学习、被动学习、累计学习肯定都不是深度学习状态。

第五章

整体性教学

第一节　整体性教学概述

整体思维是指在思维中尽量保持联系的、全面的、辩证的观点，在思维的最后则必须形成整体认知。

国际上，整体论与系统论的研究指出，整体性是系统的最基本特征，在看待某个事物时，不应将其分离成一个个碎片，逐一进行研究，而应将其看成一个完整的整体加以研究和考察，并使整体结构朝着优化的方向发展。随着系统论的发展，20世纪90年代以来，国外许多专家学者都在积极研究和探索隐含整体思想的教学设计模式。比较有代表性的是：迈里恩博尔提出了面向复杂学习的四要素教学模式，该模式主张先整体后再用逐层展开的方式，对局部和细节进行精细加工，最后回到整体；心理学家奥苏贝尔提出了两个处理教材的原则（设计先行组织者和逐渐分化原则），为整体性教学设计提供了理论基础和操作依据。

国内也有许多学者提出了整体性教学的一些观点，如王光明教授等从数学命题教学的角度提出了命题的组块化教学和整体—部分—整体的教学方式；何小亚教授从发展学生良好的认知结构的角度提出，数学学习先从整体知识的研究对象、研究方法和用途等方面给学生一个全面的概述，使学生对这一知识单元有一个整体的认识，然后逐个学习；叶兰和吴亚平教授在"新基础"教育实验中提出了整体感悟、综合融合教学策略。

2015年12月2日，全国第十届有效教学理论与实践研讨会在上海市举行，本次会议的研讨主题为基于核心素养的单元教学设计，指出以整体观为指导开展单元教学设计的实践研究是实现课堂教学转型的重要抓手；我们平时的教研活动对一堂一堂的课的研究很多，但是对一个单元、一个学期、一个年级、一个学科的结构性研究很少，可以从学科或单元教学设计入手，研究结构化问题。

作为上海市教学研究的一个方向，上海市印发了各个学科的学科教学指南。

2018 年 11 月 29 日，第三届全国基础教育课程教学改革研讨会在重庆举行，会议的主题是"推动普通高中课程实施，落实学生学科核心素养"，其中崔允漷博士在题为《指向学科核心素养的教学变革》的报告中提出"把深度学习设计出来""教学设计应采用大单元备课"；北京师范大学郭华教授在题为《深度学习：走向核心素养》的报告中详细介绍了深度学习的理念，指出"深度学习是形成学生核心素养的基本途径"，而深度学习实现的抓手是单元教学模式，单元教学设计是实现深度学习（核心素养）培养的有效途径。《普通高中数学课程标准（2017 年版）》指出：不仅要关注每一节课的教学目标，更要关注主题、单元的教学目标。学校的课程开发和课堂转型必须从单元教学设计做起，倡导基于"核心素养"的单元教学设计应该成为中国中小学教师研修的重心。教师掌握整体化有序设计单元教学的基本程序，是实现有效教学、提高教学效率首先需要解决的问题。章建跃教授在 2018 年第九届全国高中青年数学教师优秀课展示与培训活动中做总结发言时提出："提倡'单元整体设计教学'，学生数学学科核心素养水平的达成不是一蹴而就的，具有阶段性、连续性、整合性等特征。"

《基于深度学习的小学数学说理课堂的实践研究》指出，说理课堂是指立足于学生已有的认知基础，通过唤醒学生的认知经验，创设富有张力的问题、情境，在教师适时、适当的问题启发下，留给学生充分交流互动的时间和空间，启发学生自主说理、辩理，激发学生对知识的深层思考，让学生理解数学和知识本源，进而提升学生的数学素养，从说理课堂的角度研究如何促进深度学习的发生。

第二节 整体性教学中教与学的理解

学生在校学习是统一课程、统一安排下的学习，这样的学习是有序开展的，是不能随意改变的，这就使得教成为学生学的重要引领方式。当然，真正以人为本的教学也要思考如何实现学生个性化发展的问题，这也是当下教学应该兼顾的部分。在整体、统一、有序开展学习这个大背景下，学校教的活动、学的活动的开展是由学生、教师、课程这三个基本元素组成的。只有对三方关系建立科学的理解，才有可能建立一个完整的教学框架或者教学主张，这就需要从最根本的问题入手，也就是理解教学，理解教与学的关系，理解教学的根本目标。北京师范大学的郭华教授提出："教学的根本问题，是外部知识如何被学生获得、占有并转而成为学生个体的内在力量、精神财富的问题。"这说明教学要解决的是学生学习并实现发展的问题。不同的教学将提供给学生不同的学习，不同的学习又会产生不同的学习效果。良好的学习效果可以实现立德树人的根本目标，即郭华教授所提出的教学活动的根本目的在于培养真正能够进入社会历史实践的主体。因此，教学是促进学生学习的方式。教学效果的体现应该是学习效果的表现。在深度理解教与学的关系上，郭华教授提出"两次倒转"的教育机制。"两次倒转"的教学机制指出：在性质上，学生的认识过程是将人类认识过程"倒过来"的过程；在内容上，学生认识的起点是人类认识的终点；在过程上，则是把"倒过来"的过程再"转回去"，即通过学生典型、简约地经历人类认识过程的方式，使学生能够主动、全面地占有人类的认识成果，能够深刻理解人类认识过程的意义、过程与方法，从而使学生走近历史并具有创造未来历史的能力、品格与情怀。

教学是教授人类认知成果的活动，人类认知成果既是学习的终点又是学生学习的起点，在教学中要从"成果"这个终点回到人类认知的起点，这就是第一次"倒转"。教师在教学中带领学生快速地经历人类认知的过程，感受知识的发展脉络，体会知识的发展意义，既是学习的必需过程，也是学习的乐趣所在，这就是第二次"倒转"。第一次"倒转"需要教师由终点回到起点，有对整个知识发展的认识，如逻辑、背景、价值等。然后教师带领学生再经历第二次"倒转"，需要教师在充分建立良好知识背景、充分准备的基础上设计有利于学生发展的认知过程，和学生共同经历知识的发生发展，在学生可以独立完成时给予他们尝试的机会，在学生遇到困难时协助他们解决困难。经过这样一个过程，当师生共同站在终点，回望由起点过来的一路历程，不禁感叹人类的伟大、知识的奥秘、探索的神奇，以及不同知识发展背后那相似的规律，这些都是学生应该感受到的收获，是看似理性、冰冷的知识背后丰富的内涵和生命力。经历这样一个认知过程，学科教学或者说学科学习的魅力自然就显现出来了，学科育人的价值自然就实现了。同时，学生在理解学科、理解背后规律的过程中，站在人类文明发展的长河中感受学科魅力，必然也可以培养丰富的情感体验以及开阔的格局。这正是教育的魅力所在，也是实现立德树人的必然途径。这样一个过程的实现必然要求教师具有更丰富的专业知识、更开阔的教育理念，更好地理解教学与学习；这样一个过程的实现也必然是教师不断成长的过程。这正是教师这个工作的魅力所在，教学相长，教学的同时实现了自我的完善。因此，郭华教授的"两次倒转"为我们解答了许多看似矛盾的问题，值得思考研究。

第三节　基于全视角学习理论的整体性教学设计

一、基于全视角学习理论的整体性教学设计概述

　　全视角学习理论为打破认知局限、全方位地理解学习进而促进学习发生提供了理论基础。内容、互动、动机三个维度丰富的理论知识分别对教学内容、教学活动、教学评价提供了理论框架与指导。基于此理论的整体性教学设计应该是一个学习单元，在此学习单元中，学习内容是建立在学生已有认知基础上的，逻辑清晰、全面考虑学生收获的整体；学习过程是注重搭建研究路径，学习活动组织形式与学生所采取的学习方式相一致的过程；学习目的是解决问题并以学生问题解决过程中的具体表现为依据，为学生自我调整学习及教师下一步教学设计提供诊断及依据。基于全视角学习理论的整体性教学设计通过整体性理解教学内容、整体性预设学习活动、整体性评价指导，促进学生全身心投入学习，并在学习中实现激发兴趣、发展能力、形成自信的教育目标（图 5 - 1）。

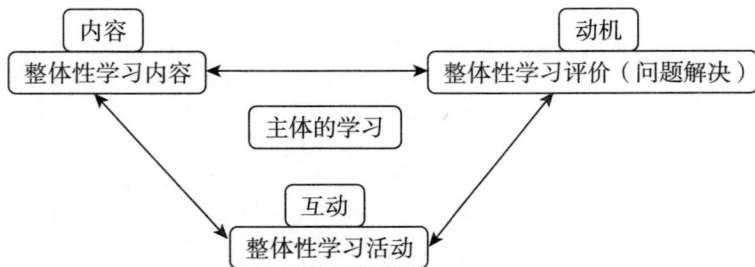

图 5 - 1

二、整体性教学的整体性体现

整体性教学的整体性体现在以下几个方面。

1. 以整体视角看待学习内容

指向推动学生学习方式改变的教学源于从学生视角理解学习内容。由教师提供的、具有教学意图的教学材料才是学生现实的认识对象。教师能否提供适合学生学习并利于促进学生发展的教学材料取决于教师对所教学科整体结构的把握、对学科精神的领会，取决于教师对学生学习内容的理解。学生的学习内容不应仅仅局限于认知领域。从学习过程来看，良好的学习本身就是一个包括三个维度且三个维度都活跃的过程。从学生长远发展来看，学生总是生活在集体中，学习离不开与身边人、环境的互动。因此，教师在以本学科知识为主的情况下建立全面的学习内容观还是非常重要的。当然不可否认的是，作为学科教师，学科教学依然是教学的重中之重，知识的传递依然是教学的重要内容，但这并不妨碍教师在学科教学的同时，兼顾学生的其他收获，如关于元认知、关于认识环境及认识自我、关于意义建构等。这样的学习才可以在实现学科收获的同时实现学生的全面发展，如学习动机的加强、学习合作共同体的建立等。从学科学习内容的角度看，数学作为逻辑严谨、结构完整的知识体系，需要从整体视角看待学习内容，而不是人为地将知识进行碎片化处理。教师眼中的知识不是零散的，而是有结构的、有内在联系的，是有生命的整体，只有这样，才能给学生带来结构化的学习。从学科学习内容的角度看，以主题方式将学习内容结构化处理，每一个阶段的学习都有明确的主题纲领，这无疑有利于建立知识结构与网络，并且有利于学生学习。而主题的确定包括以知识间的关系为主题、以研究路径为主题、以数学思想发展为主题、以学科核心素养的进阶发展为主题等。当然还有一个体现整体性的考虑，就是学生的认知基础，这一点本书特别放在整体性评价部分再具体探讨。

2. 以整体视角看待学习活动

学习活动是学生投入学习的主要形式，是学生发展的主要途径。在学习活动环节，整体性体现在以下几个方面。

（1）基于学生学习视角设计教学活动（学生的学习活动），应关注学习活动与指向的学习方式的一致性，即在进行学习活动设计时要加入学生学习方式的考量，每一个学习活动都会指向一个相应的学习方式。这是学习活动部分第一个整体性的体现。学生的发展归根结底是通过学生的学来实现的，会学具体体现在哪里呢？例如，用建构或者顺应甚至转换的方式来学习，是发展高阶思维的必经之路；能否建立新、旧知识之间的联系，能否对旧知识进行重构后加入新知识，能否在学习的过程中生成意义；等等，这些都与学习效果直接相关。

（2）学生的学习方式是可以通过学习表现体现出来的。整体性教学要体现学习活动与指向的学习方式的一致性，这实际上是知识发展过程与知识发展结果的一致性。这是学习活动部分第二个整体性的体现。

（3）学习活动环节的整体性还体现在学习活动设计与发展学生学科素养之间的一致性，即与学习目标的一致性。数学的主要知识内容都承担着不同的发展数学学科素养的功能，依据学习内容，设计合理的学习活动，这是学科素养发展的必经之路。数学学科作为特殊的学科，有数学学科的学习过程、探讨学生学科的学习过程，并且设计符合此学习过程的学习活动，在发展各个学科素养中尤其注意逻辑思维素养的发展，这也是整体性教学的重要体现。学生通过发展学科素养，最终能够用数学的眼光看待世界；能够用数学的语言表达世界；能够用数学的方式思考世界，形成理性精神；能够通过数学的学习学会合作，建立自信。

3. 以整体视角看待学习评价

教学中以上整体性既体现在学习过程中，也体现在学习目标的制定中。建立与学习目标一致的评价方式是整体性的又一个重要体现。整体性教学的学习目标总的来说是学以致用。目标是否达成需要在教学过程中设置评价环节来进行考查。另外，在每一个知识开始学习之前，都要对学生原有认知进行检测，教学设计应该是建立在学生原有认知基础上的，这也是评价环节中整体性的一个体现。评价的目的不仅仅是就教学中发现的问题及时做出调整，更重要的是通过评价尤其是学习过程中以学习方式为主的评价，了解学生是如何学习的，发现学生的学习态度、学习习惯、思维方式、知识基础、核心素养发展水平等，并且以评价为依据，对学生在后续的学习过程中采取有针对性的指导。个性化学习实现的必要条件就是教师在教学中允许学生自由表达，允许学生在学习中展现个性，并且教师要全面了解学生的个性。评价并重视评价结果是实现个性化学习的有效路径。

有了以上对于整体性教学的分析，也就有了整体性教学的实施路径。从对内容的整体性认识出发，到对学习活动的整体性设计，再到学习效果的评价（如应用），最后回到学生，形成对学生的全面认识，继而实施对学生的个性化指导。这个过程本身就是整体性的体现。教学设计的各个环节不是孤立的，而是各个环节目标、实施、评价相一致的整体。基于学生的教学应该是从学生的认知出发，经历一个学习的过程，又回到学生的个性化指导上。教师只有具有开阔的视野，才有可能实现通过教学促进学生学习方式的转变，继而实现学生的发展。（图 5-2）

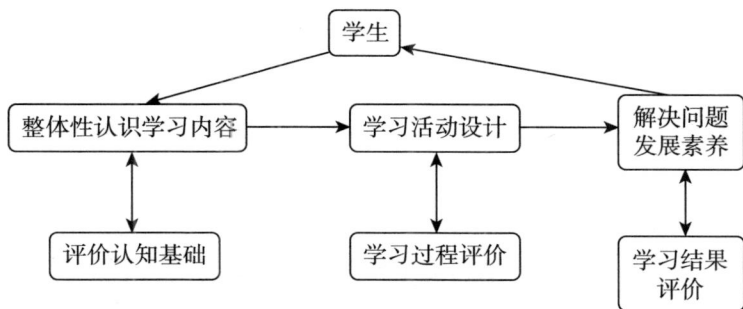

图 5-2

4. 整体性教学设计的实施原则

整体性教学设计不是教师凭借想象甚至经验而实施的教学设计，而是在学习理论指导下进行的教学设计。

首先，教学设计要遵循学习规律。教学设计是为了让学生更好地学习，学生是如何学习的？学生是如何学习数学的？数学的学习过程有怎样的特征？要经历哪些环节才是科学的学习过程？这些内容都是教师要学习并在具体的教学设计中考虑的。如果教师不了解学生是如何学习的，又怎么可能实现通过教学设计推进学习方式发展呢？因此，本书在之前的章节中从不同学习理论中寻找对于学习的科学指导。

其次，整体性教学设计开展的主要形式是主题教学。采用"主题教学"这个名称主要是为区别于单元教学（容易使人认为是按教材单元进行教学），避免造成误解。主题教学包括按以单元为主题开展教学，但主题教学绝不仅仅是按教材单元进行教学。主题教学是从知识出发，依据不同的线索，形成单元内或单元间的教学设计。这时主题的确定要求是有根据的，是符合逻辑的。整体性教学设计是一个评—教—学—评的整体。主题教学应该不仅仅是确定主题线索，更是在主题之下设计一个完整的教学过程或者说学习过程，在此过程中处处从学生需求、学生情况出发，以学生发展尤其是思维发展为目标。主题教学应该包括主题学习内容、主题学习目标、主题学习活动、主题学习评价四个环节。

主题教学的实施要以立德树人为根本目标，以发展学生的学科核心素养为课程目标。

第六章

整体性教学设计要始于
整体性理解学习内容

本章将结合数学学科描述整体性教学对于学习内容的理解及如何确定学习主题。

第一节 以学为本需要形成广义上
对学习内容的理解

从学生学的角度理解学习内容是从学生学习的角度设计教学的起点。形成广义的学科内容的理解与意识，才能使教学既不拘泥于认知领域又着眼于实现学科育人的价值。

数学的学习按内容可以分为认知、能力和态度三大框架，其中认知领域采用概念学习、原理学习、技能学习和思想方法学习的分类形式，我们称为数学知识。所谓数学知识，是指客观事物在数与形方面的特征与联系在人脑中的能动反映。其中，数学概念、数学原理属于陈述性知识，技能和思想方法属于程序性知识。数学技能可以看作运用数学基础知识来理解并解决问题的心智、动作、经验。数学能力是在掌握数学基础知识和基本技能的过程中形成的，是经验的进一步概括化和系统化。数学态度包括兴趣、动机、性格等。数学学习动机与数学能力发展密切相关，相互促进。由此可见，数学学习内容之间是相互关联渗透的，任何孤立地看待某一方面的做法都不利于学习的开展。只有首先掌握了数学的基础知识、基本技能，才有可能形成数学思想方法，进而形成理性精神；反过来，良好的数学素养可以提升学习基础知识、基本技能的效果。笔者非常赞同《数学教育心理学》中的一个观点，"精通数学知识并能熟练运用数学知识解决实际问题，最重要的是要使关于数学的事实性知识，熟练的运算、推理和作图，以及对数学知识的实质性理解（核心是把握知识所反映的数学思想方法）这三者有机综合。达到实质性理解主要依靠学生的理性思维，包括能有意义地建立新旧知识的联系、坚持独立思考、尝试用多种途径解答问题、自觉地进行学习反思以及从错误中学习等"。这段话精确、简练地描述了精通数学知识并实现应用的途径，并且指出从知识层面来看，数学基础知识、基本技能、思想方法三者是有机整体，只有在学习中注重三方面的整合才能实现三方面的相互促进。同时指出，除了具备以上基础知识、基本技能之外，还要有独立思考、反思的能力才可以学好数学。

能力被认为是数学学习内容之一。《数学教育心理学》指出："数学能力是一种个性心理特征，它对数学活动的进程和方式起着直接的、稳定的调控作用。数学能力是在数学活动中获得的，是在掌握和运用数学知识和技能的过程中形成的。因此，数学能力原则上属于数学活动经验范畴。当然，它必须是系统化、概括化的个体经验，是一种网络型的经验结构。"实际上，学生通过学习无法直接学习能力，能力是在学习的过程中发展起来的，是学习的一个收获。不同的学习过程将带来不同的能力发展，如果在数学的学习过程中教师过多地剥夺学生思考的空间和时间，那么数学学习中最重要的逻辑思维能力将无法实现良好的发展。因此，能力更像是学习过程中的自然收获，只是不同的学习过程会带来不同能力的发展。对于教师尤其要注意根据学习内容，提供学习方法，营造学习氛围，创造易于促进学生能力发展的学习过程。知识、技能的学习在每一节课中都有明确的学习内容和学习目标，一节课之后往往有明确的收获，而能力是在连续不断的学习过程中逐渐形成的。在教学设计中，教师要将能力的获得作为教学目标融入每一节课的教学。它不是显性的学习内容，而是在每一节课的学习过程中逐渐形成的学习内容。

除了以上收获外，教师还要全面理解数学学习，关注元认知的问题，即在每一个学习情境中，学生采用怎样的方式，使用怎样的策略学习的问题。对于数学最根本的是如何发展学生思维能力的问题。只有让学生学会思考才可以让学生在思考的过程中发展核心素养并进一步提升思考能力，这是一个良性循环的过程。在此过程中，反思能力发挥了重要的作用。所有的学习不是一蹴而就的，而是在探索中逐步实现的，数学学习本身是在一个个情境中探索的过程，这个过程既有"柳暗花明又一村"的绝处逢生，也有"蓦然回首，那人却在灯火阑珊处"的喜悦，还有灵光乍现、思维碰撞的璀璨。这个过程的实现需要反思的加入，并且通过反思将收获储存。我们可以这样理解学习：学习不仅仅是学习知识的过程，更是一个认识自我、确认自我的过程，我们要通过学习完成自我身份认同这样一个与生俱来的使命。反思能力（元认知）在这个过程中发挥着至关重要的作用。如何引导学生在学习过程中自觉地反思并学会在错误中学习，对于学生学习来说这其实是非常重要的一件事情。我们既可以将反思归为学会学习，也可以将反思归为一种品质。这需要教师意识到，反思不仅对于知识学习至关重要，而且反思以及在错误中学习本身就应该是学习的一个收获。

学生的在校学习并不是封闭的自我学习。在班级的学习不仅有自我独立学习、独立思考的过程，还是一个师生、生生不断互动的过程。这样让学生在学习过程中投入一个由人、物组成的显性的"场"，以及由观念组成的隐性的"场"。在显性的"场"中，学生要学会与周围的人或环境互动，并在互动中共同学习、相互促进，取长补短、达成共识。这个过程不可避免地会在数学学习过程中发生，学生有意识或无意识地在互动中不断学习和收获。在观念的"场"中，积极向上的情绪，正能量的态度，甚至对集体、国家的热爱，以及社会主义核心价值观的形成，这些都在这样的一个"场"中完成。教学尤其是学科教学更要善于捕捉这样的机会，营造正能量的"场"不仅可以促进学科素养的发展，更重要的是可以实现立德树人。这样就避免了自我内部学习可能带来的狭隘，进而在更广泛的范围内有效推动学习发生，在看似简单的数学学习过程中拥有更多维度的学习收获。这个过程就需要自反性发挥作用。

至此，我们分析了学生在学习数学的过程中在学些什么。总的来说，数学的学习内容除了基础知识、基本技能、数学思想方法之外，还应有能力的发展、反思以及自反性的内容。通过整个学习内容，学生不仅学习了知识、习得了技能，而且实现了自身意义体系的建构以及获得对自我、对环境的认识。通过学习有哪些收获，这是教学的起点，只有知道学生到底在学些什么，才可以更好地理解教师应该教些什么以及如何教。

第二节　整体性教学中对数学学习内容的理解

整体性教学提倡从整体视角认识学习内容，提倡在教学设计中除了认知领域的学习内容外，还要兼顾学生的其他（如元认知、能力发展等）方面的收获。本节将从数学学习的角度详细探讨认知领域数学的学习内容及其相互之间的关系。

一、数学基础知识与数学技能

数学基础知识包括数学概念和数学原理。数学技能实际上是数学知识的运用。例如，在学习了椭圆的定义后，在建立椭圆方程的过程中，我们知道要用两点间的距离公式把几何的距离问题用代数方式表示。两点间的距离公式是数学知识，具体表示的过程就是知识指导下的心智活动过程。在数学运算过程中，具体的运算法则是数学知识，而在运算法则的指导下正确进行运算则属于数学技能。因此，我们学习了无理式的运算法则，而运用这个法则具体化简式子的过程就属于数学技能。数学的知识和技能是分不开的，学习新的知识离不开数学技能的支持，数学技能是数学知识的实际运用。在数学学习活动中按预定方向前进，按预定程序执行，实现预定目标，都需要"技能"这一系列"连锁型的"动作经验作为保证。教师要提高数学技能水平，数学知识的掌握是必备条件，如同所有技能一样，勤加练习也是必经之路。数学基础知识与基本技能构成了我们常说的"双基"，而"双基"的掌握是进一步发展学生能力的前提。

数学基础知识本身是逻辑相连的整体，除预备知识外，课标明确了数学知识的四个主线，即四个模块，同时数学文化融入数学课程内容。这四个模块分别是函数、几何与代数、概率与统计、数学建模活动与数学探究活动。不仅不同主线内部是前后逻辑紧密相连的整体，有着各自的结构与特点，有着不同的研究路径，而且不同主线之间也有着千丝万缕的联系，甚至有着相近的研究路径，可以采取相似的方法进行研究，这是非常值得教师重视的事情。教师总是希望从认知角度、从知识加工角度，让知识距离学生更近一些，减轻学生学习的负担，希望学生更进一步学会独立研究，体会数学学习的乐趣与收获成就感。数学知识本身的整体性及研究路径的一致性恰恰可以为实现以上心愿提供令人满意的答案。从整体视角理解数学基础知识，在不同主线建立完整的知识结构，将不同知识从研究路径角度串联起来，让学生不仅清楚每一个学习对象是什么，如何研究，而且可以在不同的知识研究过程中反复体验相似的研究方法，不断加深对知识的理解、对研究方法的掌握，这将对学生的学习大有裨益。关于研究路径的搭建将在下一节继续重点说明。

二、数学思想方法

认知心理学将知识分为陈述性知识与程序性知识。其中，陈述性知识是指关于事物及其关系的知识，数学原理、数学法则都属于陈述性知识；程序性知识是指那些个人无法有意识地提取，因而其存在只能借助某种作业形式简洁推测，关于完成某项任务的行为或操作步骤的知识，用于回答怎么办的问题，如数学技能与数学思想方法都是程序性知识。

什么是数学思想方法呢？我们可以将数学思想方法分为数学思想与数学方法。所谓数学思想，是指对数学对象的本质认识，以及从对具体的数学概念、命题、规律、方法等的认识过程中提炼概括的基本观点和根本想法，对数学活动具有普遍的指导意义，是数学活动的指导思想。所谓数学方法，是指数学活动中所采用的途径、方式、手段、策略等。我们经常将两者合在一起统称为数学思想方法。高中阶段常用的数学思想方法有代入法、消元法、换元法、反证法、待定系数法、数形结合的思想、转化与化归的思想、函数与方程的思想、分类讨论的思想等。

关键词"本质认识""基本观点""根本想法"说明数学思想方法与数学基本知识（数学概念与数学原理）相比，数学思想方法不是具体的数学知识，而是数学知识的高度概括；数学知识的本质主要由数学概念和原理所反映的数学思想方法来体现。数学思想方法蕴含于数学知识中，特别是蕴含于数学概念和原理的形成过程中。关键词"认识过程中"说明数学思想方法是经历了数学知识学习过程之后整体的感悟和反思，是数学学习中"只可意会不可言传"的那部分内容。因此，数学知识的形成发展过程是数学思想方法掌握的重要载体。在数学知识的形成过程中，学生通过对一类问题的研究和思考，通过对问题本质的探索和把握，通过对问题的解决和感悟，不仅学习了数学知识、习得了数学技能，还逐渐掌握了数学思想方法。思想方法的掌握是一个循序渐进的过程，是不断研究、感悟、整合、建构的过程。没有对经验的进一步提炼和加工，数学思想方法是不易形成的。而数学思想方法一旦形成，就可以进一步指导接下来的数学研究活动。因为数学是思维的学习，学会思考尤其是逻辑地、严谨地思考，是数学的主要贡献之一。数学思想方法恰恰可以为思维提供方向与指导，告诉我们如何思考，如何解决问题，这样即使问题的表面特征发生了变化，学生也可以分辨问题的本质特征。

如何做到让学生更好地感悟数学研究中的思想方法呢？这要求教师在教学中要有回归知识点、回归思想方法的意识与做法。因为思想方法是"认识过程中的根本想法"，所以教师要充分把握教学中知识、技能学习的环节，教学中要以数学的显性知识的学习为明线，以数学思想方法的学习感悟为暗线，按照认知规律，设计学习活动，让学生有机会充分投入研究、思考、交流、感悟，从而形成一定的数学地看待事物的思维方式。学生的认识过程是在知识之间的充分联系、逻辑推理这样一个过程中开展的，教师要带领学生在数学研究中体会知识的内涵及外延的特点，体会知识间如何建立起联系（这种联系是在规则下的"自由的"联系，既要遵守规则又要有多个视角，不同的视角将指向不同的研究方向）。因此，孤立知识点的、刷题式的、直接告知型的教学，看似快速达到效果，实则剥夺了学生充分研究感知的机会，更不是数学学习之道。所有的学习效果不是通过教师讲解了多少内容而体现的，而是通过学生学了多少知识，学习效果如何而体现的。因为数学思想方法是"本质的认识"，因而在经历一个完整的研究过程后，教师要对研究过程进行总结，如哪里遇到了难点，是如何突破的，知识之间是怎样建立的联系，如何才能想到，对未来的数学研究有怎样的启发，等等，这些都需要在反思总结环节提炼巩固。这些都是学生自己的直接感受、个体经验的积累，这个阶段既是形成个性化认知的重要阶段，也是数学育人价值体现的重要阶段。比起外在反映来讲，内在的参与、获得直接感受的过程才能真正地反映数学活动的本质。因此，在整体性教学中，思想方法的培养是一个重要任务，是数学育人价值的重要体现。数学知识是最佳的培养思想方法的素材，在教学中既有分析不同特征知识间如何建立联系的环节，也要有对研究方法与策略交流总结的环节；在作业中要有合理的形式体现对思想方法的提炼和梳理。那些结合自身特点经过深加工形成的收获，是形成每个人个性化认知的因素，对于学习者而言也是无比珍贵和有价值的。

三、能力

发展心理学认为，数学能力以概括为基础，是由基本能力（如运算能力、思维能力和空间想象能力等）和基本思维品质（深刻性、灵活性、独创性、批判性和敏捷性）组成的统一整体。（图 6 - 1）

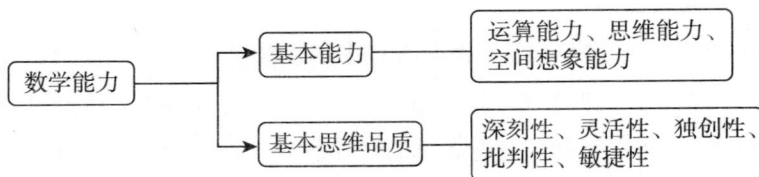

图 6 - 1

培养数学思维品质是发展数学能力的突破口，是提高教学质量和效益的良好途径，而高水平数学思维品质的形成必须以数学思想方法的掌握和灵活应用为前提。数学概念和原理的形成过程是进行数学思想方法学习的最重要载体。我们可以这样理解这个过程：在基本知识、基本技能的教学中形成数学思想方法，在掌握并能灵活运用数学思想方法的基础上发展学生数学思维品质，进而形成数学能力，而数学核心素养是数学能力的高度概括（图 6 - 2）。这为教师提供了一条清晰地发展数学能力、实现数学育人价值的路径，值得广大教师学习和思考。只是在这条路径的各个环节上，如何更加合理地实施，学生如何能在学习中实现更好的发展，还需要进一步研究，形成一套完整的理论体系及实施方法，并在持续评价中体现效果。

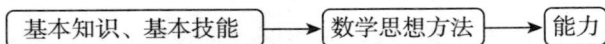

图 6 - 2

思维品质的发展是形成能力的核心环节。数学思维品质的内涵包括数学思维的深刻性、灵活性、独创性、批判性、敏捷性。我们有必要进一步探讨这五个特性的内涵及其教学中的培养方法。

培养数学思维的深刻性是指培养学生把握问题本质的能力，使学生能够透过现象看本质，善于通过知识之间的相互联系来发现和认识新的数学知识。知识之间的联系应该是有逻辑的、有意义的联系，联系应该是丰富的、结构化的，是建立在把握本质的基础上的。在具体运用的过程中，教师应根据联系及问题特征、知识特征，灵活选择方法。

培养数学思维的灵活性就是要使学生掌握较丰富的数学思维技巧，使认知结构中的知识具有实质性的、非人为的丰富联系性，掌握根据解题进程的需要选择和转换方法的能力。

培养数学思维独创性品质就是要培养学生的求异意识、发散性思维、归纳与猜想的能力等，而这一切都建立在独立思考的基础之上。

培养数学思维的批判性是指让学生对自己的学习过程进行反思，这种自我监控的品质是学生必须具备的。

培养数学思维的敏捷性品质就是要使学生独自解决问题时，既能适应当前问题的需要从而积极地、周密地思考，正确地判断并迅速做出结论，又能走捷径、使巧法，善于使用"缩减"的思维形式。

以上思维品质并不是相互独立的，而是相互交叉、互为支撑构成一个整体。深刻理解知识、方法、本质，就可以更好地建立知识之间的联系。知识间的联系应该是有逻辑的、有意义的，把握逻辑与意义也可以更好地认识本质。只有建立知识、方法间的丰富联系，才可以在面对问题时灵活地选择方法去解决新的问题，这样通过经验的积累就可以逐渐发展思维的独特性。客观地回顾整个研究路径，总结研究收获，这也是批判思维的表现，同时发展了思维的敏捷性。

在教学中，教师首先要对这些思维特性有深刻的认识，这样才可以清楚及有意识地发现不同学习过程可以培养思维的哪些特性。思维这些特性培养的方式应该渗透在日常课堂中。以函数的概念教学为例，初中学生已学习过函数的概念，高中继续学习函数的概念，那么教师在教学前自然要充分思考：为什么高中还要学习函数的概念？高中函数的概念与初中有何不同？在理解函数概念过程中哪些点容易给学生的理解带来困难？通过怎样的方式（怎样的认知过程）可以让学生快速经历概念的形成过程并形成概念？函数概念的学习价值是什么？与函数相关的其他概念还有哪些？当教师在备课时将以上问题研究清楚的时候，就是向深度学习的课堂迈进了坚实的一步。与有意识地培养学生思维品质同样重要的是要知道哪些事情绝对不利于思维的培养。例如，满堂灌、知识破碎化、仅仅就知识谈知识、不清楚知识与其他知识间的联系、没有任何给学生以主体地位进行探讨的机会等，这样的教学是绝对要摒弃的。

第三节　整体性教学中学习主题的确定

一、从整体角度对数学知识进行分析是确定学习主题的必要条件

不同知识之间往往存在着千丝万缕的联系，首先从整体视角对知识进行加工，既是实现整体性、寻找主题的基础，也是提高教师专业能力和加深对数学理解的有效途径。在分析的过程中，教师要注重知识之间的联系，注重思想方法的体现，注重知识与核心素养发展之间的关系。

【案例一】

空间向量与立体几何教学建议

一、深刻理解教材内容

要想深刻理解教材内容，我选择从向量的角度理解本章内容在整个相关部分教学中的地位。每一部分知识的理解从以下几方面入手。

1. 认识向量

向量是数学中一个非常重要的概念，它是高中数学最基本、最重要的概念，在大学数学学习中仍然是最基本、最重要的概念。向量是既有大小又有方向的量，这本身就是一个几何描述，也就是说向量本身也是几何的研究对象，同时向量有加、减、数乘、数量积等运算，并且这些运算可以用于各个领域，所以向量也是代数的研究对象。这样兼具几何与代数双重属性的特征，使得向量成为沟通数与形的桥梁。

2. 在几何与代数中的地位

参考《普通高中数学课程标准（2017 年版）》，本章是"几何与代数"主线的一部分内容。

图形研究基本问题主要有两个方面：一方面是能从不同角度描述图形。例如，对直线来说，可以从几何角度描述，即"两点确定一条直线"；可以从解析几何角度描述，即"在平面直角坐标系中，每一个二元一次方程表示一条直线"；可以从向量角度描述，即给定一个点和一个非零向量，可以唯一确定过此点与向量平行的直线。另一方面研究图形之间的关系，最主要的关系就是图形之间的度量关系及位置关系。图形研究的主要方法包括综合几何法、解析几何法、向量几何法。这三种方法各有千秋，其中解析几何法和向量几何法都是沟通数与形之间关系的方法，都是立足于脱离形的限制，用数的方式进行研究。向量几何法可以简化空间关系中具有偶然性的难以想到的问题，将高深的证明技巧转化成朴实的代数运算。这也非常契合"几何与代数"这一主旨。

课程目标：在本章，学生将在学习平面向量的基础上，把平面向量及其运算推广到空间，运用空间向量解决有关直线、平面位置关系的问题，体会向量方法在研究几何图形中的作用，进一步发展空间想象能力和几何直观能力。

这样我们就分析了从整体上来说我们为什么要学习这一章，学习这一章应有怎样的收获。

3. 每一节教材分析

接下来，我们从本章具体内容的角度逐一分析。

本章是在学生学习了立体几何初步以及平面向量的基础上学习空间向量及其运算，并利用空间向量解决立体几何中直线、平面位置关系的问题。整个内容安排都是围绕利用空间向量及其运算解决立体几何问题展开的。

本节有两部分内容："3.1 空间向量及其运算"和"3.2 立体几何中的向量方法"。

本章知识结构如图 6-3 所示。

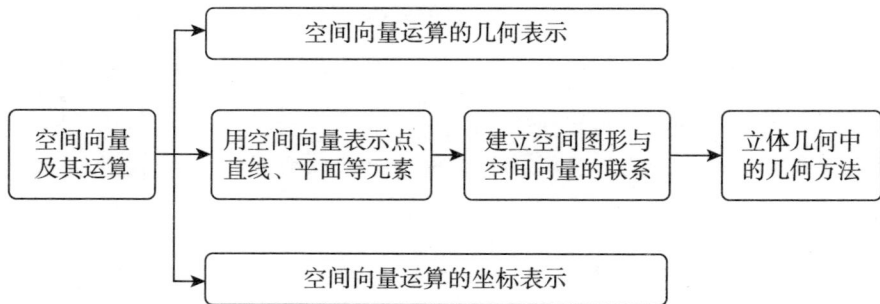

图 6-3

我们通过从数、形两个角度建立空间向量及其运算的概念，同时建立空间向量与立体图形之间的关系，从而学会用空间向量研究立体几何。第一部分内容包括：

3.1 空间向量及其运算

3.1.1 空间向量及其加减运算

3.1.2 空间向量的数乘运算

3.1.3 空间向量的数量积运算

3.1.4 空间向量的正交分解及其坐标表示

3.1.5 空间向量运算的坐标表示

这一节实际上就是类比平面向量，从数、形角度建立空间向量及其运算的概念。本章每一节的编写都遵循了建立运算—运算律—应用的逻辑顺序。

本节的教学目标如下：

（1）经历由平面向量推广到空间向量的过程，了解空间向量的概念。

（2）经历由平面向量的运算及其法则推广到空间向量的过程。

（3）了解空间向量基本定理及其意义，掌握空间向量的正交分解及其坐标表示。

（4）掌握空间向量的线性运算及其坐标表示。

（5）掌握空间向量的数量积运算及其坐标表示。

（6）了解空间向量投影的概念以及投影向量的意义。

3.1.1 空间向量及其加减运算。此部分主要是建立空间向量的基本概念及研究空间向量线性运算中的加减运算，在此基础上解决一些简单的在立体图形中运用空间向量的加减运算就可以解决的问题。第一节教师就要开始引导学生运用类比的方法，让学生经历向量及其加减运算由平面向空间推广的过程，探索空间向量与平面向量的共性和差异，引发学生思考维数增加所带来的影响。

教材第 85 页的探究：

探究 如图 3.1-6，在平行六面体（底面是平行四边形的四棱柱）$ABCD\text{-}A'B'C'D'$ 中，分别标出 $\overrightarrow{AB}+\overrightarrow{AD}-\overrightarrow{AA'}$，$\overrightarrow{AB}+\overrightarrow{AA'}+\overrightarrow{AD}$ 表示的向量. 从中你能体会向量加法运算的交换律及结合律吗？一般地，三个不共面的向量的和与这三个向量有什么关系？

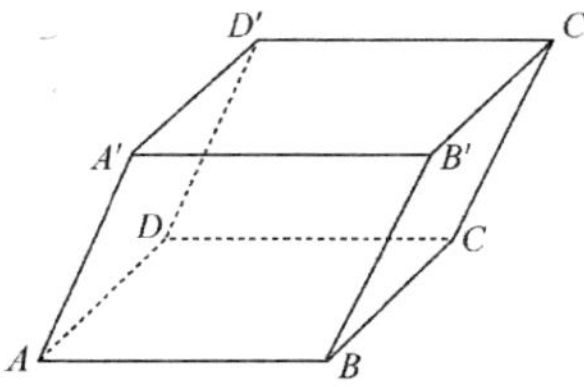

图3.1-6

图 6－4

本题就是让学生体会，三个不共面的向量的和可以分别与以这三个向量为边的平行六面体的对角线建立起联系。而平面向量的和可以与平行四边形的对角线建立联系。这本身就是维数对比。教师在教学中要让学生独立思考，并且能够用语言表达出来，实现向量语言—图形语言—向量语言的转化，即教师要结合图形加强直观说理，结合式与图之间的转换加深学生对向量数与形两方面的理解，并且一直贯彻下去。

3.1.2 空间向量的数乘运算。我认为数乘运算这一节既是教学的难点也是教学的重点，这一节我们学习了数乘运算，继而得到了共线向量定理。共线向量定理实际上可以看成一维的平面向量基本定理，即给出一个非零向量，任意一个与之平行的向量都可以用这个一维的基底表示。这个定理也是对数乘运算的全面理解。这个结论把直观、抽象、推理、运算、模型有机地结合在一起。教学中要特别注意从几何角度对 λ 进行理解。

这一节学习之后，作为应用，我们可以研究如何用向量描述一条直线，继而用向量研究三点共线问题，我们还可以研究如何用向量描述一个平面，继而用向量研究三线共面及四点共面的问题。之后的空间向量基本定理及第二节中的用向量确定点、直线、平面的位置，都是在此节学习的基础上进行的。因此，这一节有丰富的素材供教师加工处理，根据学生的情况，经过教学设计，组织之后给出共线向量定理的充要条件：

对空间任意两个向量 a，b（$a \neq 0$），$a // b$ 的充要条件是存在实数 λ，使 $a = \lambda \vec{b}$。

已知 O 为空间一点，A，B 为直线 l 上两点，a 为直线 l 的方向向量，P 为直线 l 上任意一点，则 $\overrightarrow{OP} = \overrightarrow{OA} + t\overrightarrow{AB}$，或 $\overrightarrow{OP} = \overrightarrow{OA} + t\vec{a}$。

O 为空间一点，A，B，C 为不共面的三点，P 为平面 ABC 内任一点，则 $\overrightarrow{OP} = \overrightarrow{OA} + x\overrightarrow{AB} + y\overrightarrow{AC}$。

对于这一节的教学，建议教师给学生提供大量实例，让学生在实例中体会数乘运算中系数的几何意义，结合向量的加减法，体会向量的线性运算的几何意义。

3.1.3 空间向量的数量积运算。任意两个向量都是共面向量，因而空间向量的数量积与平面向量的数量积的概念是完全相同的。在运算律中，只有分配律与平面向量的分配律有所不同。本节的学习对于两个向量夹角的概念、数量积的几何意义（投影）都是一次巩固和加强。

之后又类比实数乘法运算，比较了实数乘法运算与空间向量数量积运算的异同（图6－5）。这样反过来可以很好地加深学生对平面向量数量积运算律的理解。

思考？

1. 对于三个均不为0的数 a，b，c，若 $ab=ac$，则 $b=c$。对于向量 a，b，c，由 $a \cdot b = a \cdot c$，能得到 $b=c$ 吗？如果不能，请举出反例。

2. 对于三个均不为0的数 a，b，c，若 $ab=c$，则 $a=\dfrac{c}{b}$（或 $b=\dfrac{c}{a}$）。对于向量 a，b，若 $a \cdot b = k$，能不能写成 $a=\dfrac{k}{b}$（或 $b=\dfrac{k}{a}$）？也就是说，向量有除法吗？

3. 对于三个均不为0的数 a，b，c，有 $(ab)c=a(bc)$。对于向量 a，b，c，$(a \cdot b)c=a(b \cdot c)$ 成立吗？向量的数量积满足结合律吗？

图6－5

教科书上本节的设计思路非常清晰，教材的编写本身就有利于学生通过类比、探讨、研究的方式厘清相关概念，教师要给学生自我研究的机会，切不可直接告知，将教学变为机械记忆。

运用数量积运算可以非常方便地表示立体几何中夹角、长度、垂直等几何关系，本节的两道例题分别是证明三垂线定理及证明线面垂直的判定定理，将立体几何的元素转化为向量，用向量运算加以研究解决并做出解释。这样一个研究路径需要让学生去体会、理解。本节的教学可以直接呈现综合几何法的证明过程，让学生体会向量法与几何综合法的优劣，体会研究立体几何的问题不一定非要建立坐标系转化为代数运算。

3.1.4 空间向量的正交分解及其坐标表示及3.1.5 空间向量运算的坐标表示是在平面向量基本定理的基础上得到了空间向量基本定理。

空间向量基本定理使得空间任意一个向量都可以转化为用一组基底的线性表示，从而在选定基底的基础上，任意一个向量都可以对应唯一的有序实数对，继而在选定的单位正交基底的基础上得到向量的坐标表示，从而为通过数的运算处理形的问题搭起了桥梁，实现了数与形的统一。接着很自然地可以得到空间向量运算的坐标表示，从而将向量运算的几何特征与代数表示完美地结合起来，实现数形的统一。为了加深学生对空间基本定理及基底的理解，教师可以原则性地结合课后阅读思考"向量概念的推广与应用"在 n 维基底下建立 n 维向量，解决实际问题。

3.1.5 课后例题第一次出现在建立直角坐标系的情况下，用向量的坐标运算解决立体几何的问题。实际上，向量法和坐标法是两个方法，用向量法解决问题不一定非要建立直角坐标系，这也是前几节教学的重点。

3.2 立体几何中的向量方法内容主要包括直线的方向向量与平面的法向量，利用空间向量证明空间线线、线面、面面间的平行、垂直关系，利用空间向量计算空间角与距离等。

本节的学习目标如下：

（1）能用向量语言描述直线和平面，理解直线的方向向量与平面的法向量。

（2）能用向量语言描述直线与直线、直线与平面、平面与平面的夹角以及垂直与平行关系。

（3）能用向量法证明必修内容中有关直线、平面位置关系的判定定理。

（4）能用向量法解决点到直线，点到平面，相互平行的直线、相互平行的平面的距离问题和简单夹角问题，并能描述解决这一类问题的程序，体会向量法在研究几何问题中的作用。

通过上一节的学习，学生已经感受到空间向量与立体几何之间有着密切的联系。所以本节的目的就是要解决以下问题：

（1）用向量描述直线和平面。

（2）用向量描述六种特殊位置关系及夹角、距离。

（3）学会用向量坐标法解决立体几何问题。

对于第（1）（2）个问题，我们梳理如下：

设直线 a，b 的方向向量分别为 $\boldsymbol{a}$，$\boldsymbol{b}$，平面 α，β 的法向量分别为 $\boldsymbol{n}_1$，$\boldsymbol{n}_2$，则

（1）线线平行：若 $\boldsymbol{a}//\boldsymbol{b}$，且 a 与 b 不重合，则 $a//b$。

（2）线面平行：若 $\boldsymbol{a}\perp\boldsymbol{n}_1$，且 $a\not\subset\alpha$，则 $a//\alpha$。

（3）面面平行：若 $\boldsymbol{n}_1//\boldsymbol{n}_2$，且 α 与 β 不重合，则 $\alpha//\beta$。

（4）线线垂直：若 $\boldsymbol{a}\perp\boldsymbol{b}$，则 $a\perp b$。

（5）线面垂直：若 $\boldsymbol{a}//\boldsymbol{n}_1$，则 $a\perp\alpha$。

（6）面面垂直：若 $\boldsymbol{n}_1\perp\boldsymbol{n}_2$，则 $\alpha\perp\beta$。

（7）异面直线所成的角：$\cos\theta = |\cos <\boldsymbol{a}, \boldsymbol{b}>| = \dfrac{|\boldsymbol{a} \cdot \boldsymbol{b}|}{|\boldsymbol{a}||\boldsymbol{b}|}$ $(0 < \theta \leqslant \dfrac{\pi}{2})$。

（8）直线与平面所成的角：$\sin\theta = |\cos <\boldsymbol{a}, \boldsymbol{n}_1>| = \dfrac{|\boldsymbol{a} \cdot \boldsymbol{n}_1|}{|\boldsymbol{a}||\boldsymbol{n}_1|}$ $(0 \leqslant \theta \leqslant \dfrac{\pi}{2})$。

（9）二面角的平面角：$|\cos\theta| = |\cos <\boldsymbol{n}_1, \boldsymbol{n}_2>| = \dfrac{|\boldsymbol{n}_1 \cdot \boldsymbol{n}_2|}{|\boldsymbol{n}_1||\boldsymbol{n}_2|}$ $(0 < \theta \leqslant \pi)$。

（10）空间两点间的距离：$d = |\overrightarrow{AB}| = \sqrt{\overrightarrow{AB} \cdot \overrightarrow{AB}}$。

（11）点到平面的距离：$d = |\overrightarrow{PA}| \cdot |\cos <\overrightarrow{PA}, \boldsymbol{n}_1>| = \dfrac{|\overrightarrow{PA} \cdot \boldsymbol{n}_1|}{|\boldsymbol{n}_1|}$。

在以上结论梳理的过程中，教师要让学生重点体会直线的平行向量与平面的法向量在刻画直线与平面方向上的作用，而当再加入一个点之后，无论直线还是平面都是唯一确定的。以上结论在之前多有涉及，可以让学生独立探讨研究得到。

第三个问题涉及用向量法研究立体几何问题的"三部曲"，也就是用空间向量的方法研究立体几何的一般路径，即转化为向量问题—进行向量运算—回到图形解释。其实这个路径是贯彻本章始终的，在这里明确提及并不突然，可以让学生在具体的题目中体会并提炼。

四道例题的学习让学生体会这个一般路径，并且探讨解决各个问题时的具体步骤和注意事项，也是本节的重点。

在教科书第103页提出：你同意"向量是躯体，运算是灵魂""没有运算的向量只能起路标的作用"的说法吗？

对于这个问题，教师要引导学生关注向量的运算在解决几何问题中的作用：向量不仅能表示空间中的点、直线和平面，而且向量的运算与空间几何元素的位置关系可以对应起来。这样我们就可以通过向量运算来讨论空间几何元素的位置关系，而这正是立体几何要讨论的主要问题。因此，我们说，向量的主要作用要通过其运算来体现。没有运算，那么向量仅能表示空间中的点、直线和平面的位置，即只是"路标"而已。向量运算是数形结合的典范，它可以把几何问题转化为代数问题，实现"形—数—形"的转化，或者是给数赋予几何意义，即实现"数—形—数"的转化，从而解决问题。

对教材内容加深理解是为了能够更科学地进行以促进学生学习为目的的教学设计。尤其是教学设计中教学活动的设计，哪些地方学生自己就可以学好，哪些地方必须教师讲授，哪些地方可以设置学习活动，以促进学生独立探究思考。这一切都建立在对教材理解的基础上。

二、教材中所蕴含的思想方法的分析

（1）数形结合的思想。

整章学习不断在进行数与形的转换。向量本身就是数形结合的。向量"数"的形式体现为利用一组实数对既可以表示向量大小，又可以表示向量方向；向量"形"的形式体现为可利用一条有向线段来表示一个向量。空间向量作为"数与形"的结合体，自然蕴含丰富的立体几何意义。当它以"形"存在时，就是一个立体的实体，具有空间的方位和长度。同时，如前面刚刚分析过的，向量运算蕴含深刻的几何意义，如向量加法、减法蕴含平行四边形法则、三角形法则，向量数乘蕴含向量共线，数量积蕴含长度与角度关系等。向量运算可以有效揭示空间图形的位置和数量关系。由定性研究变为定量研究，是数形结合思想的深化和提高。数与形的结合有利于培养学生的转化意识与空间意识。

学生学习过程中的一个突出问题是缺少直观，从形式到形式不能很好地理解数学。因此，教师在教学中要始终注意对向量运算几何意义的教学，要注意几何图形语言与向量语言的转化，反复通过由数到形及由形到数的过程，深化学生对向量几何意义的理解。教师要通过数与形的结合，让学生感悟数学知识之间的关联，加强对数学整体性的理解，从而发展学生的直观想象、逻辑推理及数学运算的素养。

（2）类比法。

数学知识的学习不是简单地堆砌知识，而是需要运用一系列的思维方法和思维活动把知识串起来，使学生真正领会知识深化发展的动态过程。类比，既有助于加强新、旧知识之间的联系，成为连接新、旧知识的纽带，又鲜明地展示了知识获取的过程，形成清晰的知识结构。因此，合理运用类比法进行教学设计可以有效改变或推进学生学习方式的转变。本章学习中最主要的方法就是类比法，在平面向量与空间向量的类比中，主要包括以下三条主线：

① 知识内容类比：空间向量与平面向量的各个概念都是极其相似甚至完全相同的。

② 向量运算知识建立的研究路径类比：概念（建立向量语言）—运算律

（进行向量运算）—应用（回到图形问题）。

③ 无论是平面向量还是空间向量在解决几何问题中都遵循"三部曲"：几何问题转化成向量语言（化为向量问题）—用向量运算研究（进行向量运算）—翻译成几何意义（回到图形问题）。

而主线二与主线三实质上是一样的，都是由几何到向量—向量到向量运算—回到几何这样一个过程。除了空间向量与平面向量的类比之外，还有空间向量与实数的类比。

由此可见，无论是知识内容还是研究路径都是可以类比的。我们在教学中要特别注意挖掘知识的研究路径，这实际上是研究一类问题的方法。类比的作用就是可以有效打开思路研究问题。因此，教师在教学中要充分利用类比的方法研究。

（3）向量法。

本章的教学重点是用向量法研究立体几何。向量法包括基底向量法与坐标向量法两种。这两种向量法共同的研究路径是向量研究"三部曲"：转化为向量问题、进行向量运算、回到图形问题。3.2.2 的例 1 和例 2 给出的都是用向量法研究立体几何问题的方法，例 3 和例 4 给出的是用向量坐标法研究几何问题的一般过程。

运用基底向量法解决立体几何问题的基本步骤如下：

① 合理选择不共面的三个向量作为基底向量；

② 用基底向量正确表示有关向量；

③ 根据立体几何问题准确进行空间向量的有关运算；

④ 正确下结论，回答几何问题。

运用坐标向量法解决立体几何问题的基本步骤如下：

① 合理建立空间直角坐标系，并正确写出有关点的坐标；

② 正确求出有关直线的方向向量与平面的法向量；

③ 根据立体几何问题准确进行空间向量的有关运算；

④ 正确下结论，回答几何问题。

教师在教学中要注意带领学生提炼用向量法解题的基本步骤，要注意规范性的培养，要注意解决问题的通性通法的提炼。

三、几点教学建议

（一）采用类比法学习时的建议

1. 深度挖掘维度的变化对类比过程中知识所带来的的影响

例如，对于非零向量 **a**，**b**，**c**，当 **a**·**b**=**b**·**c** 成立时，说明向量 **a**，**c** 在 **b** 方向上的投影相同（图6-6）。如果向量 **a**，**c** 的起点又相同，那么在平面内，它们的终点在一条直线上，在空间中，它们的终点在同一个垂面内（图6-7）。

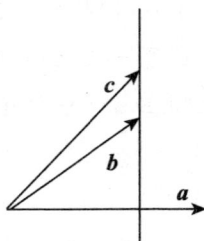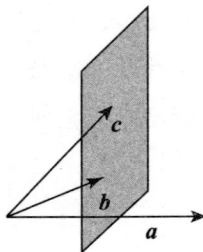

图6-6   图6-7

又如，在对数量积运算律分配律 **a**·(**b**+**c**)=**a**·**b**+**a**·**c** 的证明中，平面到空间的内涵变得更加丰富。平面中数量积分配律的证明如图6-8所示，空间中数量积分配律运算的证明如图6-9所示。

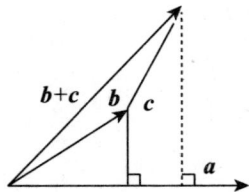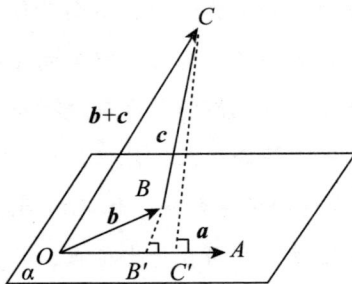

图6-8   图6-9

再如，两个不共线的向量 **a**，**b**，由 **a**+**b** 可以构造一个平行四边形，而在三维空间中，三个不共面向量 **a**，**b**，**c**，由 **a**+**b**+**c** 可以构造一个平行六面体。

所以教师在教学中要深度挖掘随着维数的增加，知识发展过程中的变化，在反复由二维到三维、由平面到空间双向变化的过程中，建立空间感，构建清晰的知识结构。

2. 合理类比提高学习效果

一些概念可以放手交给学生去完成，可以通过类比学习的内容往往是学生独立研究、观察、猜想的好素材，所以一些概念与其由教师直接告知，不如让学生独立完成。例如，3.1.2 空间向量的数乘运算这一节，我们可以在课前布置复习作业，要求学生复习平面向量的数乘运算及数乘运算的运算律，并且证明运算律，复习共线向量和平行向量的概念，复习平面中两个向量共线的充要条件，回忆运用平面向量数乘运算如何研究三线共点问题及三点共面问题。在以上内容经过回忆被唤醒之后，课堂中再由学生独立沿着平面向量研究的路径，通过独立研究得到空间向量的数乘运算的相关概念，并且讨论概念由平面扩展到空间之后，在知识发展和过程中的异同，这样就可以在原有认知基础上发展和丰富新的认知，形成清晰的知识图式。同时，笔者在这里想特别指出两点：①类比的操作不是简单的概念对比，而是通过类比找到研究方向，猜想研究结论，循着研究路径，独立展开研究，以此体验概念发展的过程，把握概念的本质。②简单的概念类比反而容易停留在教学中的浅层理解状态，建议教师在教学中结合具体问题、思考、题目、图形等素材加深学生对概念的理解。

（二）教学中要注意揭示知识发生发展的过程，把握概念的本质

教师在教学中要尽量充分挖掘学习素材，创设学习情境，调动学生通过多种学习方式，体验知识发生发展的过程，把握概念的本质。

本章的两节内容，一节是通过类比很容易得到相关结论，另一节属于程序性知识。知识内容学生很容易获取，这就造成了我们教学中很容易出现的"教师直接告知，学生机械模仿"的情况。例如，教师直接告知或简单类比就得到空间向量的数乘运算及其运算律，然后直接进入题目教学；或者教师直接告知学生空间向量的坐标表示，然后进入坐标表示下的向量运算。这样都会导致学生停留在浅层次理解水平，更为重要的是，本章与平面向量有着密切联系，有着明确的研究对象。清晰的研究路径是学生独立展开研究、探索的好素材。这样的教学也浪费了学生独立思考进行研究的机会。因此，教师要充分利用这章的教学，通过教学设计让学生体验知识发生发展的过程，把握概念的本质，发展直观想象、逻辑推理、数学运算素养。

例如，在 3.2 立体几何中的向量方法这节的教学中，第一步是建立空间向

量与空间几何元素之间的关系，对于这个环节教师可以设计以下教学环节：

（1）请思考已知空间中一点，如何确定空间中的另一点的位置？我们知道两点确定一条直线，解析几何中已知一点及其倾斜角，可以描述直线上任何一点满足的方程，那么用向量如何描述空间中的直线呢？我们知道三点确定一个平面，能否用空间向量描述平面呢？能否用一个向量及一个点描述平面呢？请你给出已知条件及结论。

以上问题旨在引导学生独立开展思考研究，根据不同层次的学生可以调整提出问题的难度。

（2）空间中有哪些特殊的位置关系？既然用空间向量可以刻画空间中的点、线、面，那么是否能用向量语言描述以上位置关系呢？

教师通过以上问题的设置，围绕空间中6种特殊位置关系让学生独立开展研究，发现空间特殊位置关系的向量表示。

（3）请尝试用向量法证明定理：一个平面内的两条相交直线与另一个平面平行，则这两个平面平行。

本环节的教学让学生尝试用向量法解决问题，并进一步追问向量法解决问题的步骤，同时展示综合几何法解答本题的过程，初步对比两种方法的异同。

对于本节接下来的例1，个人认为例题之后提出3个思考，这样的设计非常好，可以让学生沉浸在用向量法研究立体几何的氛围中，感受空间几何图形的各个直观性质都可以转化成用向量的方式来研究。（图6－10）

例1 如图 3.2-3，一个结晶体的形状为平行六面体，其中，以顶点 A 为端点的三条棱长都相等，且它们彼此的夹角都是 60°，那么以这个顶点为端点的晶体的对角线的长与棱长有什么关系？

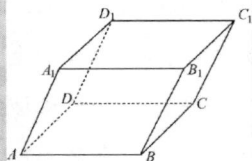

图3.2-3

思考？

1. 本题中平行六面体的对角线 BD_1 的长与棱长有什么关系？

2. 如果一个平行六面体的各条棱长都相等，并且以某一顶点为端点的各棱间的夹角都等于 α，那么由这个平行六面体的对角线的长可以确定棱长吗？

3. 本题的晶体中相对的两个面之间的距离是多少？（提示：求两个平行平面间的距离，通常归结为求两点间的距离）

图6－10

（三）向量法的教学要注意通性通法的提炼

教科书 3.2 节的内容重点是在例题中探讨用向量法解决立体几何各个问题的方法与步骤，教师在教学中要引导学生通过不同角度的对比，提炼解决相关问题的通性通法，在理解问题解决的过程中知识运用的本质的基础上，形成问题解决的清晰的思路。

《普通高中数学课程标准（2017 年版）》给出了一个用向量方法研究距离问题的教学案例，值得我们大家学习、思考。

案例 16　用向量法研究距离问题

【目的】针对距离问题，通过几种研究方法的比较，提炼解决问题的通性通法。在教师指导下，学生经历梳理知识、提炼方法、感悟思想的研究过程，提升直观想象、逻辑推理和数学运算等素养。这样的教学可以为空间向量与立体几何的复习课提供素材。

该案例给出了两个教学片段：

教学片段 1：梳理求平面上的点到直线的距离的几种方法。

（1）综合几何法。给定过点 A，C 的直线 l，B 为直线 l 外一点，求点 B 到直线 l 的距离。因为过点 A，B，C 可以得到一个平面上的三角形，因此求距离就等价于求三角形的高。基本思路：用余弦定理确定 $\angle A$，再用正弦函数值求出 AC 边上的高。

（2）解析几何法。建立平面直角坐标系，确定点 B 的坐标和过点 A，C 的直线 l 的方程，然后求点 B 到直线 l 的距离。基本思路：求与直线 l 垂直的直线的斜率，再求过点 B 的点斜式直线方程，最后求这两条相互垂直直线的交点。交点与点 B 的距离就是点 B 到直线 l 的距离。

（3）向量法。建立平面直角坐标系，确定点 B 的坐标和过点 A，C 的直线 l 的法向量，求点 B 到直线 l 的距离。基本思路：求向量 $\overrightarrow{AB}$ 到法向量的投影，投影的绝对值就是所要求的距离。

教学片段 2：比较求点到平面的距离和求两条异面直线距离的向量方法。

（1）点到平面的距离。用向量法求点 B 到平面距离的基本思路：确定平面法向量，在平面内取一点 A，求向量 $\overrightarrow{AB}$ 到法向量的投影，投影的绝对值即为所求的距离。

（2）异面直线的距离。用向量法求异面直线的距离的基本思路：求出与两条直线的方向向量都垂直的法向量；在两条直线上分别取点 A 和 B，求向量 $\overrightarrow{AB}$ 到法向量的投影，投影的绝对值即为所求的距离。

【分析】对于上述两个片段，可以归纳出下面的结论。

（1）教学片段 1。通过处理距离问题的三种方法的对比，可以知道垂直反映了距离的本质，垂直意味着线段长度最短，借助勾股定理可以直观、准确地揭示这个本质，两点间的距离公式以及向量投影都可以看作勾股定理的应用。教师可以让学生在比较的过程中分析不同方法的共性与差异，进而发现解决问题的关键。

（2）教学片段 2。无论是平面还是直线，法向量都是反映垂直方向的最为直观的表达形式，法向量的方向和法向量上投影的绝对值既体现了几何图形的直观，又提供了代数定量刻画。在这个过程中，向量与起点无关的自由性为求距离带来很大的便利。

归纳用向量研究上述距离问题的方法，可以得到通性通法，即程序思想方法：

第一步，确定法向量；

第二步，选择参考向量；

第三步，确定参考向量到法向量的投影向量；

第四步，求投影向量的长度。

通过以上分析，学生可以体会借助几何直观的必要性，启发运算思路，甚至可以得到解决问题的程序。程序思想方法具有解决一类数学问题的功能，是计算的基本思想方法。

【拓展】教师引导学生用向量法给出空间所有距离问题的求解程序，并引导学有余力的学生查阅高等数学中有关距离的问题。建议在教学中，教师根据本校学生情况，重新开发教材内容，多开展以上教学形式。

（四）运用向量坐标法解决立体几何问题过程中的难点要逐个分解、逐个突破

运用向量坐标法解答立体几何问题一直是高考考查的重点，每位教师都非常重视这一部分内容的教学。对于如何求法向量，如何求二面角等问题相信大家都有自己的梳理与总结。在此我想重点谈及的是，如何更好地进行向量坐标法的教学。要解答这个问题，我们首先要思考的是学生在运用向量坐标法的过程中会遇到哪些困难？主要包括三点：①空间想象能力不足。向量坐标法依然是建立在几何直观的基础上，将几何问题转化为代数运算的方法，因而学生真

正的困难往往是空间想象能力不足而导致的不会建立直角坐标系或者不会求点的坐标，从而解题受阻。②运算能力的不足。学生会做但是算不对数。③不能迁移。学生无法做到在新情境中运用空间向量的知识解决问题。因此，我们要紧紧围绕这三点开展有针对性的教学，在具体的教学中建议如下。

1. 向量法的教学要兼顾学生空间想象能力的培养

空间想象能力既是用向量法解决立体几何问题的基础，也是高考考查的重点。我们可以看到，无论是全国 I 卷还是山东卷，都有专门针对空间想象力的考查，而且难度往往比较大。

例如，2018 全国卷的第 18 题、2020 山东卷的第 16 题、2020 山东卷与全国I卷的立体几何大题都有创新之处，在空间想象能力上都有创新的体现和难度体现。

在教学中，教师要在具体图形中充分分析线面关系，探讨建立直角坐标系的方法，总结最合理的建立直角坐标系的方法，力求在每一个问题的解决过程中，将空间想象能力的提升落到实处。

2. 向量法的教学要注意提升学生的运算能力

本章对学生运算能力要求比较高，整体提升数学运算素养需要从以下几个方面展开：理解运算对象、掌握运算规则、学会运算应用、概括通性通法、感悟运算思想方法。教学中教师要带领学生探索运算思路，确定运算方法，正确运用运算规则，总结通性通法（如待定系数法、换元法、消元法等），从思维上分析运算是一种推理，是一种典型的演绎推理，分类做好运算的程序化。例题如图 6-11 所示。

20. 如下图，四棱锥 $P-ABCD$ 的底面为正方形，$PD \perp$ 底面 $ABCD$，设平面 PAD 与平面 PBC 的交线为 l。

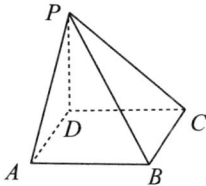

（1）证明：$l \perp$ 平面 PDC；

（2）已知 $PD = AD = 1$，Q 为 l 上的点，求 PB 与平面 QCD 所成角的正弦值的最大值。

图 6-11

3. 增强学生运用向量法解决立体几何问题的意识

本章的内容是空间向量与立体几何，首要的任务是培养学生运用空间向量解答立体几何问题的能力，而会用空间向量解题源于有用空间向量解题的意识。因此，本章的教学要始终培养学生运用空间向量法研究问题的意识。

如图 6 – 12 所示，棱长为 3 的正方体的顶点 A 在平面 α 内，三条棱 AB，AC，AD 都在 α 的同侧，若顶点 B，C 到 α 的距离分别为 1，$\sqrt{2}$，则顶点 D 到平面 α 的距离为 _____。

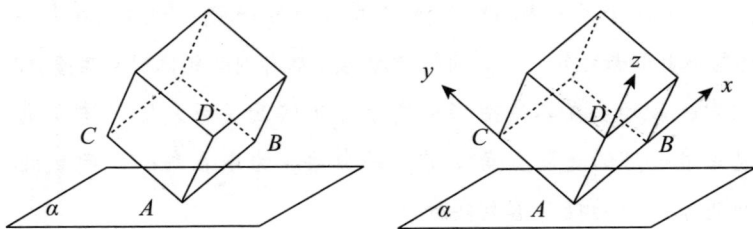

图 6 – 12

设平面 α 的法向量为 $\boldsymbol{m} = (x, y, x)$，记 B，C，D 到平面 α 的距离分别为 h_1，h_2，h_3，则

$$h_1 = \frac{|\overrightarrow{AB} \cdot \boldsymbol{m}|}{|\boldsymbol{m}|} = \frac{3|x|}{\sqrt{x^2 + y^2 + z^2}} = 1$$

$$h_2 = \frac{|\overrightarrow{AC} \cdot \boldsymbol{m}|}{|\boldsymbol{m}|} = \frac{3|y|}{\sqrt{x^2 + y^2 + z^2}} = \sqrt{2}$$

$$h_3 = \frac{|\overrightarrow{AD} \cdot \boldsymbol{m}|}{|\boldsymbol{m}|} = \frac{3|z|}{\sqrt{x^2 + y^2 + z^2}}$$

因 $h_1^2 + h_2^2 + h_3^2 = 9$，故 $h_3 = \sqrt{6}$

【案例二】

举例谈立体几何习题教学的若干思考

教材的例题、习题在精挑细选中"诞生"，往往寓意隽永，或者指向问题根本，或者蕴含典型的思想方法，或者对课本新知起到承接引申的作用。如何使用教材中的例题、习题一直是一线教师研究实践的重点。下面以立体几何为素材，谈一谈对立体几何的教学及习题教学的思考。

一、核心素养的培养应在习题学习中体现

学生素养的发展不是建空中楼阁，而是要落实到具体的教学过程中，包括习题课的教学。不同的数学教学活动发展核心素养的侧重点应有所不同。直观想象是指借助几何直观和空间想象感知事物的形态与变化，利用空间形式特别是图形，理解和解决数学问题的素养。立体几何的教学尤其要培养学生空间想象的能力，使学生形成直观想象素养。逻辑推理是指从一些事实和命题出发，依据规则推出其他命题的素养。逻辑推理是核心素养的核心，立体几何则是发展学生逻辑推理素养的重要载体。核心素养不是直接由教师教出来的，而是在问题情境中借助问题解决的实践培育起来的。在新课教学完成之后，好的问题情境从哪里寻找？可以从课后习题中寻找，并进行加工，有效设计实施，紧扣课堂新课的开展，以教学目标、素养培养等维度作为课堂新课教学的延续，必然可以取得良好的教学效果。

二、以整体研究的视角看待立体几何的学习

立体几何部分的知识绝不是一个个孤立的知识点，而是由沿着逻辑链条排列的一个个"单元知识块"所组成的整体。本章学习的判定定理是研究平行、垂直位置关系成立的充分条件，性质定理是研究在平行或垂直的位置关系之下空间的构成要素之间的位置关系。判定定理与性质定理研究的内容本质上都是在某一特定位置关系之下空间构成要素间所存在的平行或垂直这样的特殊位置关系。由此可见，判定、性质的学习不是孤立的，而是作为一个整体呈现。每一个由定义到判定再到性质的教学，都要让学生经历整个研究过程，体会过程中蕴含的思想方法，从而不断经历在一个个特定背景下线面关系由模糊到清晰，再由清晰到得出结论的过程。更进一步，这样站位于整体学习的方式也要从课堂教学延伸出来，延伸到练习当中，带领学生经历巩固课堂中习得的基本技能与方法的过程，从而让学生巩固知识的同时培养学生的核心素养。

三、立体几何的教学要注意不同语言之间的转换

教师带领学生经历将空间图形位置关系表示成自然语言并继而转化成符号语言，反过来符号语言也能够转化成图形语言并在大脑中形成直观化这样一个过程。这样反复转化的过程既培养了学生语言间转化及表示的能力，又培养了学生直观想象的能力。学习之初学生可以借助立方体实物理解抽象关系，并在立方体实物中找到直观例子从而实现直观化，更进一步，学生可以借助更多几

何体或者回归到直接的线面图形，从中寻找直线与平面的位置关系。而在转化过程中学生要注意体会特定元素的作用，这样反复研究、实践，在厘清各个特殊背景下线面关系的同时也培养了学生的直观想象与逻辑推理能力。

四、创设情境，给学生在解决问题中发挥的空间

新课阶段学习的判定定理与性质定理是直线、平面位置关系中最为典型的情况，位置关系的研究远没有达到透彻的程度。学生在经历了一系列研究对象提取及研究方法习得之后，已经具备了独立研究的能力，此时学生往往会对直线、平面位置关系的研究有情趣、有想法、有办法。教师通过提出问题引导学生构建具体的研究思路，体会研究图形位置关系的过程，适时引导并提供研究素材，鼓励学生独立研究问题、解决问题，并且在具体研究中善于发现问题、提出问题，这对于提升学生能力是大有裨益的。教材中的课后习题很多都具备以上教学价值，加以加工、挖掘，可以达到良好的教学效果，于平实中见真谛。

基于立体几何教学的以上考虑，笔者对《普通生高中课程标准试验教科书数学必修2》2.3.4平面与平面垂直的性质课后第73页练习进行了如下挖掘与实践。题目如下：

1. 下列命题中错误的是（　　　）。

A. 如果平面 $\alpha \perp$ 平面 β，那么平面 α 内所有直线都垂直于平面 β

B. 如果平面 $\alpha \perp$ 平面 β，那么平面 α 内一定存在直线平行于平面 β

C. 如果平面 α 不垂直于平面 β，那么平面 α 内一定不存在直线垂直于平面 β

D. 如果平面 $\alpha \perp$ 平面 γ，平面 $\beta \perp$ 平面 γ，$\alpha \cap \beta = l$，那么 $l \perp \gamma$

2. 已知两个平面垂直，下列命题：

① 一个平面内已知直线必垂直于另一个平面内的任意一条直线。

② 一个平面内的已知直线必垂直于另一个平面的无数条直线。

③ 一个平面内的任意一条直线必垂直于另一个平面。

④ 过一个平面内任意一点作交线的垂线，则此垂线必垂直于另一个平面。

其中正确命题的个数是（　　　）。

A. 3　　　　　B. 2　　　　　C. 1　　　　　D. 0

（一）教学目标

（1）研究平面与平面垂直位置关系之下直线、平面的位置关系，善于发现

特殊的位置关系，学习研究空间位置关系的一般路径。

（2）练习自然语言、符号语言、图形语言之间的转化，能正确使用符号语言及图形语言。

（3）通过独立思考、合作探究的学习方式，通过反复让学生经历研究思路、研究内容、研究方法的过程，从而达到积累数学活动经验与数学思想方法的目的。

（二）教学设计与实施

环节一：复习平面与平面垂直的定义、判定定理、性质定理。

环节二：独立完成练习1，并就每个选项的对错说明原因。

环节三：请大家进一步完成以下问题：

（1）如果平面 $\alpha \perp$ 平面 β，平面 α 内的直线与平面 β 有怎样的位置关系呢？

（2）如果平面 $\alpha \perp$ 平面 β，平面 α 内哪些直线和平面 β 平行呢？

（3）如果平面 $\alpha \perp$ 平面 β，平面 α 内哪些直线和平面 β 垂直呢？若 $a \subset \alpha$，且 a 与平面 β 相交，则如何作出直线 a 与平面 β 所成的角呢？若 $P \in \alpha$，过点 P 如何作平面 β 的垂线呢？

【设计意图】通过以上问题环节，研究当两个平面互相垂直时，一个平面内的直线与另一个平面的位置关系，培养学生独立解决问题的能力及逻辑推理能力。

（1）和同一个平面垂直的两个平面的交线与此平面垂直，那么和同一平面垂直的两个平面的位置关系是什么呢？

（2）和同一平面平行的两个平面的位置关系是什么？

（3）和同一平面垂直的两条直线的位置关系是什么？

（4）和同一平面平行的两条直线的位置关系是什么？

（5）和同一条直线垂直的两个平面的位置关系是什么？

（6）和同一条直线垂直的两条直线的位置关系是什么？

（7）和同一条直线平行的两个平面的位置关系是什么？

（8）和同一条直线平行的两条直线的位置关系是什么？

【设计意图】本环节的设计使得学生在问题解决的过程中体会直线之间的垂直关系、平面之间的垂直关系是不存在传递性的，解决空间中在垂直、平行背景下三个元素之间的位置关系问题。

环节四：独立完成练习2，并就每个选项的对错说明原因。

环节五：请大家进一步思考以下问题：

（1）对于命题"已知两个平面垂直，则一个平面内的已知直线必垂直于另一个平面的无数条直线"，如何找到那些无数条直线？（图6－13）

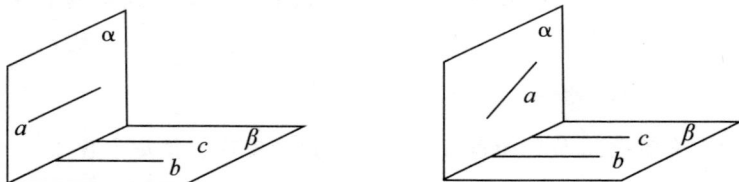

图6－13

【解答】已知两个平面互相垂直，一个平面内的任意一条直线必然与另一个平面内垂直于两平面交线的所有直线垂直。

（2）已知两个平面，一个平面内的已知直线必垂直于另一个平面的无数条直线。此命题是否正确？请在两个平面不同位置关系下详细说明。（图6－14）

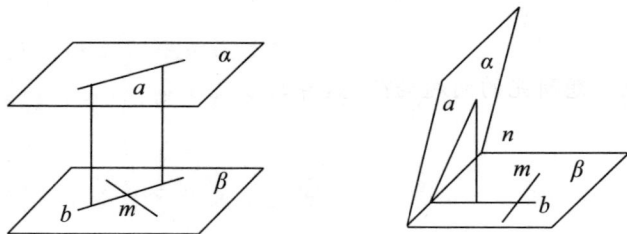

图6－14

【解答】如图6－14所示，当 $\alpha // \beta$ 或 $\alpha \perp \beta$ 时，$a \subset \alpha$，b 是 a 在 β 内的射影，只需要 $m \perp b$，则 $m \perp a$。

【总结】"无数条直线"的寻找方法告诉我们，"已知直线 a 与平面 α，直线 a 在平面 α 内的射影为 b，则平面 α 内与直线 b 垂直的直线都垂直于直线 a"。

【设计意图】在两个平面互相垂直时，研究一个平面内的直线是否垂直于另一个平面的无数条直线，进而研究对于空间任意两个平面，一个平面内的直线是否垂直于另一个平面的无数条直线。通过寻找"无数条直线"得到"影垂斜必垂"的体验并能总结成结论。

（3）过一个平面内任意一点作交线的垂线，则此垂线与另一个平面的位置关系是什么？请作图说明。

（4）已知两个平面互相垂直，过空间一点作一个平面的垂线，则此垂线与另一个平面的位置关系是什么？

（5）已知两个平面互相垂直，过空间一点作一个平面的垂面，则此垂面与另一个平面的位置关系是什么？

（6）已知两个平面互相垂直，过空间一点作两个互相垂直的平面的交线的垂面，则此平面与已知的两个平面分别垂直。

【设计意图】在两个平面互相垂直的位置关系中，研究过空间一点再增加一个元素之下，新增元素（直线或平面）与已知元素之间的位置关系。

（三）教学反思

在具体教学过程中，教师可以针对学生的具体情况对教学做不同的修改。如果学生知识基础一般，教师可以将问题进一步细化并有所取舍，也可以带领学生在具体的立方体中寻找模型与答案。如果学生知识基础扎实，学习能力较强，教师可以将不同的问题合并，给出跨度更大、思维含量更多的问题让学生思考，也可以给学生更多自由发挥的空间，让学生自己做题解决每一个问题，甚至可以在一个阶段完成之后让学生自己发问，如"通过这些问题的研究，你还有别的发现或者想研究的问题吗？"这样的方式可以重新调动学生学习的积极性与主动性。

二、如何确定学习主题

整体性教学对学习内容进行加工的方式是主题教学，或单元教学，或大概念教学。也就是说，从学习的数学知识的角度，寻找能够统摄这一部分知识的主题，确定主题并对知识进行加工，这样就可以将学习内容以某种具有鲜明特征的形式整体呈现在学生面前。这个工作很难由学生完成，往往需要教师对教材进行深入的分析。这既是教师专业水平的体现，也是教学中教师主导地位的体现。我们要本着这样一个原则来确定学习主题：通过知识的学习，学生收获的不应该是支离破碎的知识（那样支离破碎的状态无法使学生做到对知识的深度理解），学生应该收获的是对知识的有意义理解，对思想方法的掌握，对研究一类问题的了解，对解决问题的信心。那些数学思想方法，如大概念、大观念等才是学生在遗忘了知识的具体形式之后的收获。因此，学习主题的确定不是随意的，而是有据可循的，也就是有着明确的依据。这里的依据应该符合课程标准的要求，符合知识之间的关联规律，符合学生的认知现状及认知发展规律，符合数学核心素养的发展的规律。以上几个符合也是整体性教学中学习主题确定的价值体现。

那么应从哪些角度确定学习主题或者说学习线索呢？我们可以从以下角度确定学习主题：①以知识的逻辑联系为线索；②以数学思想方法为线索；③以研究路径、研究方法为线索；④以学生核心素养发展进阶为线索。

【案例三】

以知识的逻辑联系为线索——以三角函数的概念为例

三角函数是高中阶段在学习了函数的一般概念之后所学习的第四个函数。在推广了角的概念及角的度量单位之后，建立了三角函数的概念。

三角函数的概念：

设 α 是一个任意角，$\alpha \in \mathbf{R}$，它的终边 OP 与单位圆相交于点 P (x, y)。

把点 P 的纵坐标 y 叫作 α 的正弦函数，记作 $\sin\alpha$，即 $y = \sin\alpha$。

把点 P 的横坐标 x 叫作 α 的余弦函数，记作 $\cos\alpha$，即 $x = \cos\alpha$。

把点 P 的纵坐标与横坐标的比值 $\dfrac{y}{x}$ 叫作 α 的正切函数，记作 $\tan\alpha$，即 $\dfrac{y}{x} = \tan\alpha$。

我们可以看到，首先这个函数概念的建立是在函数一般概念的基础上进行的。因此，教学设计的一个重点是在函数的一般概念的基础上抽象概括出三角函数的单位圆定义。基于此发展学生的数学抽象素养，通过在建立三角函数概念的过程中加深学生对函数一般概念的理解，并且丰富由具体情境建立函数模型的方法和手段，这本身也是数学建模的过程。

在得到三角函数的单位圆定义之后，要让学生去体会在形式及实质上这个定义与初中所学习的锐角三角函数的定义是一致的，这也正是数学概念的特色之一。这个过程使得学生体会到锐角与一般角的三角函数的一致性。之后，教师可以将概念推广到三角比定义，并且让学生体会三个定义内在的一致性。根据学生的不同情况，在三个定义之间的关系的推导过程中设置探究活动，以充分培养学生的数学抽象与逻辑推理素养，并培养学生把握概念本质的意识与能力，而深度理解的实现为能够灵活运用单位圆定义及三角比定义解决问题奠定了基础。三角函数单位圆的定义实际上与单位圆上点的坐标有紧密联系，于是给出单位圆后，随着终边的变化，也就是随着角的变化，最为直观的单位圆上点的纵坐标与横坐标在发生变化。这样三角函数单位圆定义又与单位圆上的点建立了紧密联系（图 6 - 15）。

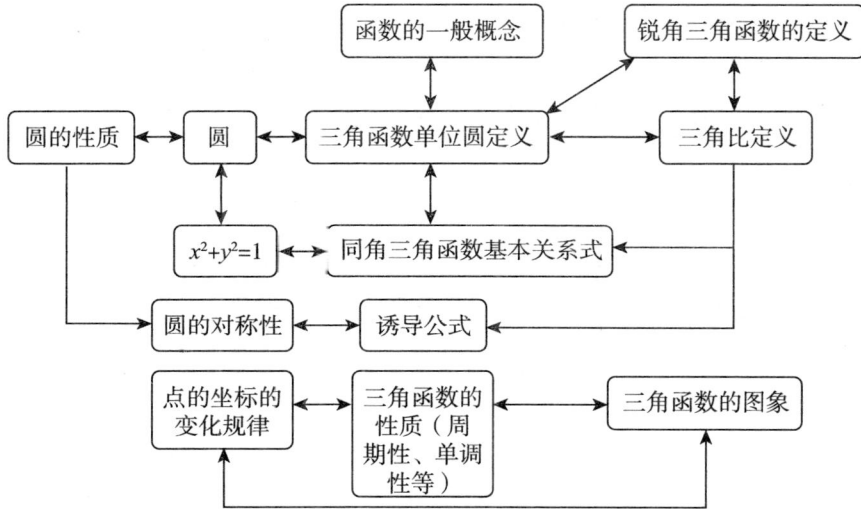

图 6 - 15

在直角坐标系中，单位圆上点的坐标实际上可以用对应角的三角函数来表示。于是三角函数可以与圆的各个性质建立联系。例如，单位圆的方程为 $x^2 + y^2 = 1$，则有 $\sin^2\alpha + \cos^2\alpha = 1$，由此就可以推出同角三角函数的关系式；反之，给出单位圆的方程 $x^2 + y^2 = 1$，则有 $\begin{cases} x = \cos\alpha \\ y = \sin\alpha \end{cases}$。这实际上就是三角换元的思想或参数方程的思想，并且很容易可以得到参数 α 的几何意义。由圆关于 x 轴、关于 y 轴、关于坐标原点、关于 $y = \pm x$ 对称可以得到角 α 与 $2k\pi - \alpha$，$2k\pi + \pi - \alpha$，$2k\pi + \pi + \alpha$ 等之间终边的对称关系，进而推出诱导公式；反过来，诱导公式实际上也是单位圆上点的对称性的体现。无论是诱导公式还是同角三角函数基本关系式都可以由三角函数的三角比公式得到。不同于过去函数用解析式通过代数方法或者用图像通过数形结合的方法研究函数的性质，三角函数的性质可以通过三角函数单位圆的定义、通过研究单位圆上点的运动变化规律而得到。以上充分利用三角函数单位圆的定义与单位圆上点的关系进行研究的过程不仅可以发展学生的几何直观素养及逻辑推理、数学抽象素养，而且可以在充分建立联系的过程中为学生研究三角函数提供不同的角度，拓展学生的思路。学生在研究中不断通过理解概念与概念之间的关系，找到新、旧概念的固着点，实现有意义学习。当然三角函数的性质也可以通过三角函数的图像来研究，那么如何画三角函数的图像呢？实际上三角函数的图像可以用描点法来画，也可以继续回归三角函数单位圆的定义，将定义中的自变量与函数值在单位圆中的直观体现转化到直角坐标系中来体现：单位圆中的角对应直角坐标系中点的横坐标，单位圆中的纵坐标对应直角坐标系中点的纵坐标，这样就可以得到正弦函数图像上的一系列点，通过描点法即可轻松得到正弦函数的图像。这个过程仍是回归定义的过程，既丰富了学生对画函数图像的认识，又培养了学生的直观想象与逻辑推理素养。正弦函数的图像可以通过这样的方式画出来：余弦函数的图像可以将余弦函数转化为用正弦值表示，从而通过将正弦函数的图像进行平移而得到。那么正切函数的图像可以怎样画呢？这就是一个很好的启发学生思考的问题。

通过以上分析，我们充分建立了三角函数与其他与之相关的知识之间的逻辑联系，并且在每一个建立逻辑联系的过程中找到了支撑，也就是找到了实质性联系。这些推理过程中的依据恰恰是设计学习活动的关键点。这样就从知识层面完成了整体性教学的学习主题的建立。

第四节　重视探索不同知识研究路径的一致性

通过之前的分析，我们希望教学设计中学生能够有更多的学习活动，能够有自我建构的时间，能够有交流讨论的时间，能够独立发现数学知识，能够动起来，等等。这一切希望的背后都需要时间。还课堂给学生，既要考虑学生有足够的主动权与机会研究、实践，又要考虑活动的时效性，这往往是一线教师理念落地时的主要困惑。如何解决呢？在研究的过程中搭建研究路径，注意不同知识研究方法的一致性，注意一般观念的形成，应该是较好地解决以上问题的答案。

高中数学知识有着逻辑性、严谨性、概括性、抽象性的特征。从单个知识来看，不同知识有着不同的内涵，但知识之间往往存在着某种逻辑联系；从研究方法的角度来看或从整体的角度来看，很多知识之间又存在着相似的研究路径与研究方法。"提炼研究对象，寻找研究路径，明确研究方法，进行研究"构成了一个完整理解、研究知识的方法视角。因此，学生在理解数学学习时，知识间的联系是一个视角，思想方法是一个视角，研究路径也是一个视角。而研究路径这个视角可以很好地将不同知识串联起来，毕竟数学的学习过程实际上就是研究数学的过程，这样就使数学学习回归到更本质的状态、更高的高度，这个视角更具统摄性。在不同知识的研究过程中，不断经历相似的研究过程，也是不断经历前后知识整合的过程，这正是有意义学习中新、旧知识不断组织、整合的过程，是在基本知识研究过程中基本经验不断积累的过程，是建立一般观念实现学会学习的过程。而研究路径与研究经验的积累实际上就是在告诉学生依据怎样的特点可以怎样研究，以此帮助学生在学习中实现知识结构化、方法一般化，学会研究问题的一般方法，有效促进学生开展独立研究。

高中阶段研究路径相似的内容有很多，以下举例说明。

【案例四】

函数的整体性教学分析

函数是高中阶段非常重要的学习内容之一，是高中数学必修课程五个主题之一，更是贯穿高中数学课程的主线。从课程内容及设计的角度看，函数拥有着极其重要的地位。函数是现代数学最基本的概念，是描述客观世界中变量关系和规律的最为基本的数学语言和工具，在解决实际问题中发挥着重要的作用。因此，从应用角度来讲，函数是解决实际问题的一个有效工具。作为进入高中后在预备知识之后所学习的第一部分内容，函数概念的抽象性往往会给学生造成学习上的困惑和障碍，因此函数的学习对于学生而言无比重要。《普通高中数学课程标准（2017年版）》提出："教师应把本主题的内容视为一个整体，引导学生从变量之间的依赖关系、实数集合之间的对应关系、函数图像的几何直观等角度整体认识函数概念；通过梳理函数的单调性、周期性、奇偶性（对称性）、最大（小）值等，认识函数的整体性质；经历运用函数解决实际问题的全过程。"因此，从整体视角认识函数、学习函数是有效提升学习效果的方式。

函数的内容包括函数概念与性质，幂函数、指数函数、对数函数，三角函数，函数应用。函数的学习从建立函数的概念开始。在概念的学习过程中，学生要充分体会研究一个抽象函数的一般路径，体会函数的性质有哪些，要关注为什么研究这些性质以及如何研究（图6-16）。

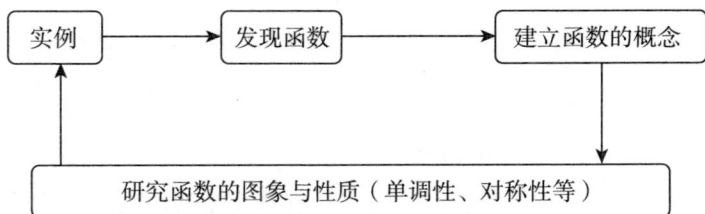

图 6-16

函数的概念部分的研究路径可以总结如下：从实例中通过归纳本质属性的方法抽象出函数的概念，通过从数、形两个角度探讨函数性质，以此培养学生数学抽象能力及形成数形结合思想。这其实是一个从实际问题情境出发到数学建模到解决实际问题的过程。在这个过程中，教师既要让学生充分体会研究单调性、奇偶性（对称性）的必要性，也要让学生体会知道了这些性质我们就知道了函数的哪些特征，这些特征有什么用，体会如何研究函数。

在这个研究之后将进入具体函数的研究阶段。首先是幂函数，幂函数的研究实际上也经历了这样一个大致的过程：从实际情境中发现了一类没有研究过的新的函数，通过归纳这一类函数的特征，把握这一类函数的本质，建立幂函数的定义；然后研究五个具体的幂函数的图像与性质；并且由特殊到一般归纳总结出一般幂函数的性质，最后回到解决实际问题。

在这个过程中，教师不要把每一步研究都明确地告知学生，而要让学生结合自己的知识、方法储备去思考面对问题如何用过往的经验来解决。例如，在研究幂函数的图像与性质的环节，实际上从数与形两个角度都是可以进行的，用代数运算的方法研究函数的性质也是一个重要方法，由数到形或由形到数，相互辅助，相互渗透，这样一个研究过程恰恰是体会数形结合力量的好时机。归纳总结一般幂函数的图像和性质这个环节课本并没有要求，这个环节根据学生认知基础可以不去涉及或灵活处理。又如，让学生自己提出问题“我们如何研究其他幂函数如 $y = x^4$ 的性质呢？”“如何研究当 $x < 0$ 时幂函数的性质呢？”或者提出猜想“若 $a > 0$，幂函数 $y = x^a$ 当 $x > 0$ 时是否都是增函数呢？”等。这样一般幂函数的图像与性质就不是死记硬背的结论，而是丰富的教学或学习素材。这样一个幂函数的研究路径如图 6-17 所示。

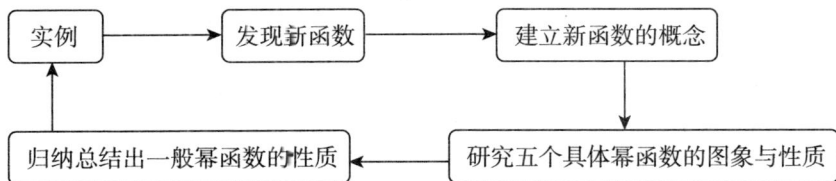

图 6-17

在学习了幂函数之后就是学习指数函数与对数函数。指数函数与幂函数的研究路径基本相同，而对数函数作为指数函数的反函数，其研究又可以建立在指数函数研究的基础上。

在整个研究的过程中，既要突出提炼研究对象，确定研究路径，进行研究这样一个主线，也要确定指数函数、对数函数、幂函数三个函数之间的深层次关系。为什么在建立函数的概念之后要首先研究这三个函数呢？实际上这三个函数是自变量分别在一个幂的指数、幂、底数时的函数。因此，这三个函数之间有着千丝万缕相似又不同的联系。它们之间的关系往往可以成为研究的新思路，如对数函数的性质，既可以参考研究函数的一般路径进行研究，也可以参考指、对函数之间的关系进行研究。这样学生又在幂、指、对函数三个具体函数的学习中，再次体会了如何建立一个具体函数的概念及如何研究一个具体函数的性质，并且体会了这些具体函数作为丰富的素材如何解决实际问题。

可以看到，研究路径的搭建为学生独立研究提供了可能，使学生在一次次研究中积累了丰富的研究经验。每一个函数的研究都始于实际情境，终于运用研究得到的函数模型解决实际问题。这实际上又是运用数学模型表述、思考和认识现实世界中蕴含的规律，学会数学表达和交流，发展数学应用意识和创新意识的过程。在这些学习过程中养成的一般性思考问题的习惯，如如何构建一类函数的研究路径，抽象一类函数概念的内容、途径与方法，如何从函数定义出发研究函数性质，如何利用函数概念和性质建立数学模型解决实际问题，等等，都将是学生的丰富收获。

在之后的三角函数及数列的研究中，都有类似的研究路径，如三角函数的建立。三角函数是与幂、指、对函数非常不同的函数。幂、指、对函数的对应关系都是代数运算规律的反映，而三角函数的对应关系是几何量之间的直接对应。三角函数是研究周期现象的基本模型。因此和指、对、幂函数等概念建立的过程相同，首先是从实际问题（事实）中抽象出函数的概念。这就需要清楚实际问题的变化要素（包含的变量），并将实际问题中的变量抽象为符号表示。因此，我们可以将匀速圆周运动不失一般性地放在单位圆中用点的匀速运动来刻画，这样在建立了直角坐标系之后，单位圆上每一个点都对应唯一的射线 OP，此射线对应以此为终边的角。也就是说，每一个角都对应唯一终边，每一个终边都对应唯一与单位圆的交点，每一个交点都对应唯一的横坐标及纵坐标，这样就可以建立由角到横坐标，或者由角到纵坐标，或者由角到纵坐标与横坐标的比值的对应关系，这种对应关系符合函数的定义，于是建立了函数关系。这个环节在教学过程中有两个关键点：一是研究实际问题，发现影响实际问题的变化要素及要素之间的依赖关系，并且将实际问题及其变化要素抽象为数学问题，用数学符号刻画，具体来讲是将周期运动的典型代表匀速圆周运动的点用单位圆上的点来刻画。二是如何发现函数关系并建立函数概念。这个发现函数关系并建立函数概念的过程与之前指、对、幂函数概念建立的过程很不相同。指、对、幂函数关系是建立在运算法则的基础上直接得到变量之间的关系，之后再说明发现的对应关系符合函数的一般概念。而三角函数概念的建立过程是在函数一般概念的指导下先发现两个变量之间可以建立函数关系，之后再给出三角函数的符号及三角函数的完整定义。三角函数的建立过程是在几何图形中，运用几何直观直接发现并建立了角与点的坐标之间的关系，因此说三角函数是一个几何量与另一个几何量之间的对应关系。在三角函数概念建立之后，教师还要引导学生进一步在单位圆中体会这两个对应关系的内涵，加深学生对几何直观的理解：要理解三角函数的表达方式，明确三角函数的定义域与值域，以及三角函数是如何刻画周期运动的。在函数一般概念的指导下得到完整的三角函数的概念之后，还要进一步将以上"单位圆定义"与锐角三角函数的定义及终边上点的坐标比值定义相比较，即需要经历一个步骤比较复杂的概念精致过程。这样的建立函数的方法要比从事实中抽象出指、对、幂函数的过程复杂得多，不仅仅局限于代数的维度，更重要的是几何与几何的关系用代数方式来表示，这样建立函数的过程丰富了之前的认识，需要教师在教学中耐心地处理好每一个环节。在三角函数概念确定后，因为三角函数概念的建立既有在单位圆中用几何的方式表示自变量、函数值及对应法则，也有代数的表示方法（解析式）。因此，对三角函数性质的研究实际上有多个思路。这时对于基础较好的学生，教师可以放手让学生去寻找研究三角函数性质的角度和方法并且鼓励他们展开研究，使学生通过充分自我建构之后，可以在课堂上交流自己的研究过程以及这样研究的依据。这将是一个非常好的让学生调动原有知识储备及方法储备进行独立研究并且沟通交流的素材。

让学生能够独立提炼研究对象，懂得研究一类相似问题的路径与方法，是放手让学生独立研究数学的基础。在学习过程中反复让学生经历研究思路、研究内容、研究方法的过程，是非常重要的数学活动经验和数学思想方法积累的途径。在反复研究中，学生不仅仅收获了知识与技能，更重要的是知道自己在研究什么，知道怎样研究，知道为什么研究，并且能够在不同的知识情境中不断尝试，校正研究思路，积累研究智慧，建立研究信心。学生在这样的学习过程中必然能够实现全面发展（图6-18）。

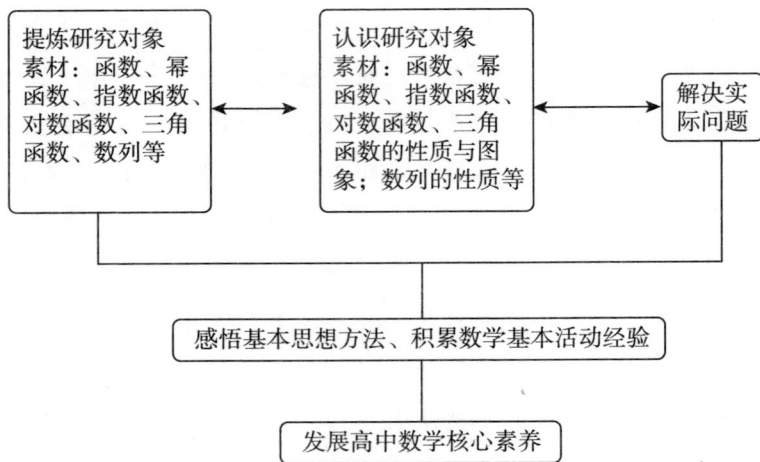

图 6-18

对于高一的教学在这里提以下几点建议：

（1）教学中要突出函数本质，重视研究过程，发展数学核心素养，要整体构建函数主体研究框架，体现研究函数的一般过程。从一般函数到指数函数、对数函数、幂函数的研究，要不断总结研究方法，体会研究路径，将复杂问题变简单，不断地将学生已有认知在路径指引下与新知识、新情境结合生成新认知，从而真正提高学生发现问题、解决问题的水平。

（2）一定要注重概念的教学，要让学生亲身经历概念的整个形成过程，知道概念来自何处，为什么是这样，发展到何方，知道概念的抽象过程及抽象方法。从反映这些概念本质特征的现实情境、数学情境、问题情境等情境出发，让学生经历归纳共同特征、概括本质属性的过程，使学生会数学地认识世界。概念的教学一定要肯花时间，肯下功夫，因为概念理解并掌握之后，对于概念的应用是水到渠成的事情。

（3）起始阶段一定要培养学生的规范意识与习惯。教师的不规范会带来学生的随意。教师答题过程要规范，板书要规范，画图要规范，知识的运用也要规范。例如，凡是谈到函数，都要同时谈定义域，因为只有对应法则及定义域都确定的情况之下才可以确定一个函数，教师规范地运用知识，自然可以带来学生规范习惯的养成，可以在不知不觉中帮助学生避免很多失误带来的麻烦。

（4）教师应做充分的准备。函数概念的发展历程、指数函数的形成过程、对数函数的形成过程、e 的出现等涉及数学文化的内容，教师要学习积累，这样才能将数学文化融入课堂，从更高视角理解数学。

【案例五】

基于素养提升的整体性教学设计
以解析几何第一轮复习课为例

解析几何一直是高中数学重点学习的内容之一，数形结合的思想、动点思想是解析几何的重要思想，坐标法是解析几何研究问题的核心方法。由于解析几何部分的知识兼具数与形两方面的特点，通过本部分内容的学习可以重点发展学生的直观想象、数学运算、数学建模、逻辑推理和数学抽象素养。

实际上，学生在解析几何的学习过程中往往会遇到没有思路或运算困难的问题，从而产生畏难情绪甚至逃避心理。教师在教学中也会遇到难点突破不顺利、课时不够等苦恼。由于内容多、任务重，就需要教师在教学中不拘泥于一节课、一个知识点的教学，而要寻找整体性教学的思路，使知识层面（五个曲线及其方程）、思想方法层面（坐标法、数形结合及动点的思想）、素养发展层面（直观想象、逻辑推理、数学运算）等内容系统化地结合起来，通过对教学内容的分析、挖掘、重组，实现学生高效地学习。整体性教学为教学设计提供了可操作的方向。

一、何为整体性教学

国际上，整体论与系统论的研究指出，整体性是系统的最基本特征，在看待某个事物时，不应将其分离成各个"碎片"逐一进行研究，而应将其看成一个完整的整体加以研究和考察，并使整体结构朝着优化的方向发展。

所谓"整体性"教学在笔者看来是以普遍联系、相互制约的方式，从全局或整体看待知识及知识间的相互联系，基于学习内容的特点或基于学习主体（学生的认知基础），对结构相关的一系列知识进行加工和重组，形成某一主题或观念（学习主线），并且在学习主线的统领下将知识、方法、素养体系化，通过指向推动学生独立思考、深度学习的学习活动的设计，实现学生学习知识、发展素养的教学。整体性教学设计应该是一个"学习单元"，在此学习单元中，学习内容是逻辑链条清晰、研究路径相似的整体，学习过程是建立在学生认知基础上并且学习活动形式与学习方式一致的过程。学习目的是问题解决并以此为进一步优化学习提供依据。通过整体性理解学习内容、整体性预设学习活动、整体性评价指导，形成促进学生全身心投入学习的过程，并在此学习过程中实现激发兴趣、发展能力、形成自信的教育目标。当下，单元教学、主题教学等研究方向在很大程度上都指向同一方向——基于"整体"视角进行教学设计。

实现整体性教学要有两个重要改变：

（1）变孤立的知识点教学为"学习主线"统领下的教学。

数学的学习是逻辑推理的过程，往往存在某个角度的"学习主线"将知识的发生、发展、运用整个串联起来。学习主线的作用是突出数学内容以及知识间的关联性。整体性教学常见的学习主线有以核心知识为主线、以思想方法为主线、以素养发展为主线等。以核心知识为主线，如教学中常常以"事实—概念（本质）—性质（关系—结构—联系）—应用"为明线；以思想方法为主线，如教学中常常以"事实—方法—方法论—数学学科本质观"为暗线，素养的发展往往在学习的过程中伴随着学习方式的发展，基本知识、基本技能的掌握而实现。

知识与技能、思想方法、素养发展三者之间不是孤立的，而是相互联系、相互促进的。思想方法是知识技能的概括、提升，指向学科本质及方法论，素养发展是依托学习内容在学习过程中发展起来的，是更好地学习及学习能力发展的体现。可见，三者本身也是一个整体，是相互联系、相互制约的。将三者孤立开来，甚至将知识孤立开来，是绝对不利于学生学习进步、素养发展的。教学中教师依据学习内容找到学习主线，是开展整体性教学的前提条件及核心环节。

（2）变课时目标的实现为在整体教学中单元目标的实现。

学习主线是统领学习内容的总主题，围绕学习主线的学习往往要分解为各个小专题，总的学习目标也会分解为各个小专题的学习目标。这样最终整体性教学目标将不再仅仅是向某一节课要效率，而是整体教学效果的体现，要将学习内容进行关联思考和整体设计，将知识掌握、核心素养培养置于学习主线中来突破。素养的培养不是一蹴而就的过程，需要合适的土壤——学习内容，采取合适的方式（教学方式、学习方式），在不断经历、思考、操作、感悟中发展，这样的教学也符合素养发展的一般规律。教师需要充分理解学习主线串联起来的知识之间的相互联系，理解学习内容与发展素养之间的关系，在整体性教学内部不同课时的教学中从知识掌握、素养发展等方面做到前后呼应，在知识网络中突出不同重点的方式，采用既突出重点又相互联系的方式进行教学。

二、基于素养发展的解析几何第一轮复习整体性教学设计

基于以上分析，本文将以解析几何第一轮复习为例，从学习主线、子专题、具体实施方法三个方面整体设计复习思路，相信这样的分析对于新课的教学也将有借鉴意义。

（一）确定整体性教学下解析几何第一轮复习的学习主线

解析几何部分包含了直线与方程、圆与方程、椭圆与方程、双曲线与方程、抛物线与方程等内容。每一种曲线研究的过程都基本经历了"根据具体问题情境的特点，建立平面直角坐标系；根据几何问题和图形的特点，用代数语言把几何问题转化成为代数问题；根据对几何问题（图形）的分析，探索解决问题的思路；运用代数方法得到结论；给出代数结论合理的几何解释，解决几何问题"这样一个过程。这样一个解析几何的基本研究路径不仅贯穿于几种曲线的研究过程，而且贯穿于每一个具体问题的研究。我们可以把以上解析几何研究问题的一般路径进行简单提炼（图6-19）。

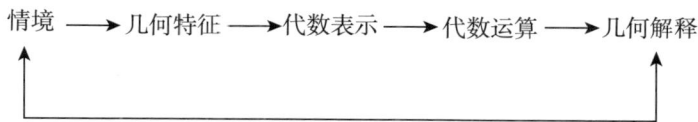

情境 ⟶ 几何特征 ⟶ 代数表示 ⟶ 代数运算 ⟶ 几何解释

图6-19

其中，由几何特征分析到代数运算过程包含由几何转化为代数并通过几何与代数运算相结合以解决问题的过程。在复杂的转化过程中必然要涉及代数运算，代数运算的结果又可以给出几何解释，继而再进行新的转化。

由以上分析可知，在这个基本研究过程中，深入挖掘几何关系是研究问题的基础，重点培养直观想象素养；几何问题转化为代数问题（坐标法）是研究的关键环节，重点培养直观想象与逻辑推理素养；代数运算是研究的手段，重点培养数学运算素养（图6-20）。

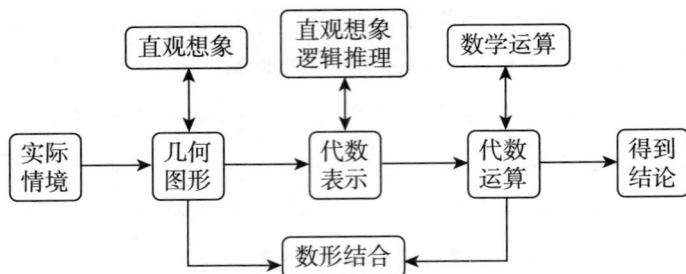

图 6 - 20

　　研究路径是主线，不仅串起了本部分的知识内容（每一种曲线内部都是在按这个主线研究），还串起了几何图形与数学运算之间的关系（每一个研究过程都蕴含了形、数的内在统一，这也是数学的奇妙之处）。同时，在知识运用以及数、形意义感知中发展多种核心素养（图 6 - 21）。直观想象、数学运算、逻辑推理的达成，不是孤立的过程，只有兼顾才是效果的追求、效率的体现。研究路径的每一个环节都不是孤立的，而是前后逻辑紧密联系的一部分，立足整体的前后联系，在每一个环节中积累经验掌握规律突破难点，才可以融会贯通地学好本部分内容。

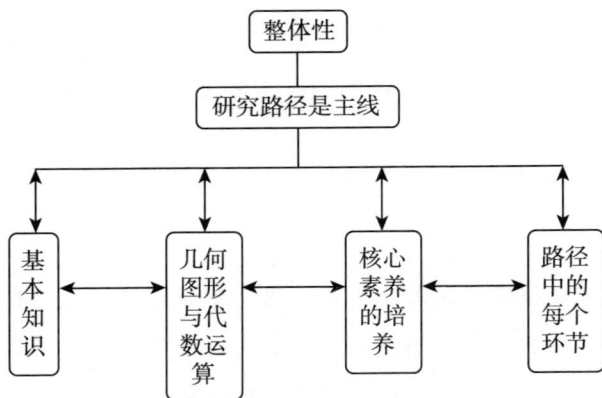

图 6 - 21

　　因此，在第一轮复习中，在此研究路径的统领下，设计不同的子专题，在每一个子专题中反复经历这样的研究过程，实际上就是反复经历由几何到代数再回到几何的研究过程，就是反复经历几何分析、代数运算、几何解释的过程，即以知识为载体、以独立研究为方式，反复发展直观想象、数学运算、逻辑推理素养的过程，在反复经历中加深理解，形成观念，感悟方法。在这样的学习过程中，学生知道在研究什么，知道这一类事物如何研究，知道研究过程中会遇到什么困难，知道这些困难如何突破。这对学生独立研究、发展素养、形成自信都是无比重要的。

（二）依据学习主线确定解析几何第一轮复习的子专题及学习目标

第一轮复习要完成复习基础知识、形成方法体系的基本目标。因此，解析几何第一轮复习内容可以分为知识情境及问题情境两大类。

在知识情境中，复习内容是解析几何部分的基础知识。解析几何部分的五个曲线都经历了从定义到性质再到关系这样一个过程。曲线和方程完成了定义曲线并实现了将曲线用代数表示，经历这个学习过程，学生可以建立动点观点，初步感受解析几何的研究思想方法。之后的性质与关系两个专题是用数形结合、以数为主的方式从不同角度对曲线展开研究。所谓性质，是指研究一类曲线不同形态的共同特征，通常有以下研究角度，如范围、顶点、对称性、形状等。关系是解决不同曲线之间的关系问题，重点是直线与其他四个曲线之间的关系，通常从位置、距离、角度等方面展开研究。学习过程不应是知识的记忆，而是围绕学习主线各个环节开展，知识将变为研究的素材，是独立开展研究的成果。曲线与方程、曲线的性质、曲线间的关系三部分内部都拥有相似的研究方法。因此，复习可以变过去逐个曲线依次复习为以上三个专题复习。复习目标是通过复习感受知识生成、发展的过程，建立知识间的紧密联系，形成知识网络，掌握基本的数形转化的方法，体会解析几何部分研究问题的一般路径与思想。

在问题情境中，复习内容是在未知图形（新情境）中解决各种问题，包括传统复习中要解决的弦长、面积、定点、定值等问题。这部分内容题型繁多，但每种题型都需要经历分析几何要素间的关系，将关系进行代数表示，通过代数运算展开研究，最终解决问题这样一个过程。因此，变孤立的问题的研究为紧紧围绕学习主线开展，在不同方向的研究之下，回归学习主线的各个关键环节，在各个问题情境中感悟如何分析几何要素间的关系，如何用代数表示、如何进行代数运算，积累丰富经验，既是大大提高学习效率的方式，也是发展核心素养的必经之路。复习目标是运用知识在各个具体情境中解决问题，加深学生对知识及学习主线各环节的理解，形成依据学习主线研究问题、解决问题的系统化经验，提高相应的核心素养。复习只有打破应试教育的狭隘追求，回归对知识的研究、对问题的探索，拥有对学习过程的丰富体验，才可以实现掌握知识以及在发展素养中提升兴趣与自信的目的。

（三）依据学习主线开展教学设计

依据以上分析整体性教学在解析几何部分实现的途径是紧紧围绕学习主线（解析几何研究问题）的基本思想和方法开展教学设计。基础知识既是学习素材又是研究成果，是研究方法实践的场所。学习目的是思想方法的领悟，是经验的积累。在这一原则之下，开展学习活动设计，在领悟思想方法中独立开展研究，在独立开展研究的过程中积累丰富经验，形成能力与素养。

以曲线与方程这个专题为例。它实际上是一个浓缩版的由几何到代数的过程，充分体现了解析几何部分的研究对象是曲线，研究起点是几何要素特征分析，研究方法是坐标法。将此专题作为复习的第一个专题，可以很好地让学生体会到整个学习主线的各个环节，为后续独立研究奠定基础。为体现解析几何的研究方法与思想，在专题复习中可以设置以下问题。

问题1：曲线是由动点按照某个规律运动形成的，因此研究曲线可以从研究动点所满足的运动规律入手。解析几何部分学习了五个曲线，分别为直线、圆、椭圆、双曲线、抛物线。请问以上曲线上的点分别按照怎样的规律在运动？

问题2：依据以上规律运动的点形成的曲线是否是相应的曲线？

问题3：如何依据运动规律建立以上曲线的方程？

问题4：如何对建立的方程进行化简得到方程的最简洁形式？

问题5：在建立了曲线 C 的标准方程 $f(x,y)=0$ 之后，方程的解 (x,y) 与曲线上的点要满足怎样的关系？

问题6：总结在解析几何中如何研究曲线。

通过以上问题让学生体会研究一个曲线是从研究曲线上动点的运动规律开始，即从动点所满足的属性开始。复习中教师要依据学生掌握情况将同一曲线上动点满足的不同属性做系统梳理。例如，将动点所满足的属性在直角坐标系中用点的坐标表示出来并进行化简就是将曲线用方程表示的过程。反过来，看到方程也要想到对应的曲线，方程中的系数往往具有几何意义。教学中教师要围绕解析几何研究问题的一般思想和方法设置问题，围绕知识沿学习主线发展过程中的关键逻辑节点提出问题或启发学生提出问题，尽量让学生独立研究，变对知识的表面化复习为对知识、方法的深层次理解，在反复沿学习主线经历、感悟中发展相应的核心素养，如图6-22所示。

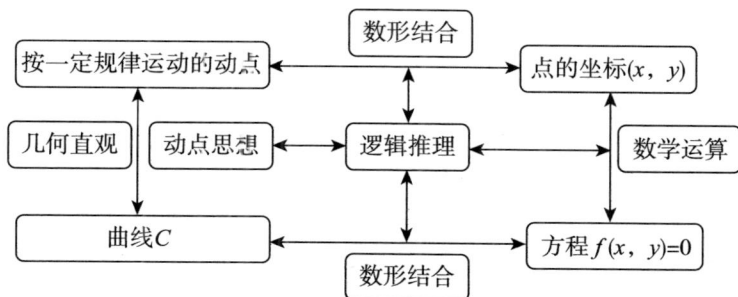

图 6-22

在问题情境中，教学设计同样要紧紧围绕学习主线的各个环节开展，如给出如下问题情境。

已知抛物线 $C: y^2 = 2px$（$p > 0$），A，B 是抛物线 C 上不同于坐标原点 O 的两点，过点 O 作垂线交直线 AB 于点 D（图6-23）。请思考：在此图形中可以就哪些问题展开研究？请你提出问题并解决问题。

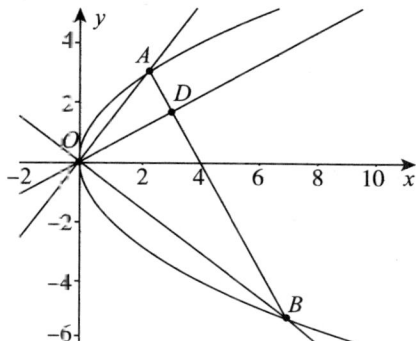

图 6-23

这样的教学设计可以引导学生主动分析图形中几何要素间的关系，通过分析，发现变化中可能存在的规律。因为动点 A，B 之间要满足 $OA \perp OB$ 这样一个制约关系，因此要联想到直线 AB 是否过定点、弦长 AB 及 $\triangle OAB$ 面积的取值范围、点 D 的运动轨迹，以及 $\triangle OAB$ 重心的运动轨迹等。教师在教学中可以将学生的想法一一罗列出来，然后探讨如果综合解决以上问题首先应从哪个问题入手。通过讨论得到从直线是否过定点入手，这样就清楚了动直线 AB 在变化过程中保持不变的属性，这对于解决其他问题都将有所帮助。如果直线 AB 过定点，设定点为点 Q，则通过分析几何关系就可以发现点 D 的轨迹就是以 OQ 为直径的圆（挖去点 O）。对于直线 AB 是否过定点，具体在解决过程中基于对几何关系的理解可以有多种解决方法，教学中教师要给学生充分思考、运算、交流的时间，并且将每一种解法是基于怎样的几何理解解释清楚。例如，点 A，B 都是三线交点，如果首先认为点 A，B 是直线 OA、直线 OB 与抛物线的交点，则可以得出直线 OA 的方程，与抛物线联立得到点 A 的坐标，同理得到点 B 的坐标，之后利用对称性判断出定点在 x 轴上，通过 A，B，Q 三点共线得到点 Q 的横坐标为常数，从而得到直线 AB 过定点。教学中教师要善于把握几何本质，甚至在解题的过程中"看出结果，看出思路"，对比多种解法所对应的运算过程，找到最简运算策略，体会一类运算中所蕴含的通性通法及运算思想。

（四）在整体学习中突破学习主线中的关键环节，多环节地渗透发展数学核心素养

1. 分析几何要素之间的关系是学习主线的起点

研究路径的起点是几何图形，对几何图形中各个要素的认识决定了之后研究方向的选择、研究策略的确定，这会在很大程度上影响后续运算量的大小。因此，教学中教师要始终注意培养学生分析图形中几何要素关系的意识，总结分析的方法，培养学生的分析能力，重点发展学生的直观想象素养。

（1）结合情境清晰地描述图形的几何特征与问题。

描述图形几何特征的意识是在本章对五个图形的学习中建立起来的。例如，圆的定义是指到定点等于定长的点的轨迹是圆，那么还有哪些点的轨迹是圆呢？

① $\triangle ABC$ 中当两顶点 A，B 为定点时，直角顶点 C 的轨迹是圆（挖去 A，B 两点）；

② A，B 是两个定点，满足 $\overrightarrow{AC} \cdot \overrightarrow{BC} = 0$ 的动点 C 的轨迹是圆；

③ 两定点 A，B 距离之比为常数 k（$k > 0$ 且 $k \neq 1$）的点的轨迹是圆。

以上几种情况的点的轨迹也都是圆或圆的一部分。这个环节是建立数与形的联系，利用几何图形描述问题，借助几何直观理解问题的基础。

（2）在具体情境中注意研究几何要素之间的关系。

在复杂的具体情境中要注意培养学生分析几何要素之间关系的意识。以下题为例：

例（2020 全国 I 卷）如图 6-24，已知 A、B 分别为椭圆 E：$\dfrac{x^2}{a^2}+y^2=1$（$a>1$）的左、右顶点，G 为 E 的上顶点，$\overrightarrow{AG}\cdot\overrightarrow{GB}=8$，$P$ 为直线 $x=6$ 上的动点，PA 与 E 的另一交点为 C，PB 与 E 的另一交点为 D。

（1）求 E 的方程；

（2）证明：直线 CD 过定点。

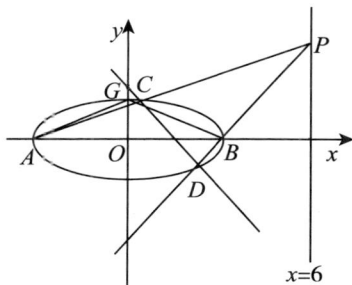

图 6-24

教学中，我们可以带领学生首先分析几何要素之间的关系，得到以下几何特征：①P，A，C 三点共线；②P，B，D 三点共线；③C，D 及定点 Q 三点共线；④C 为直线 AP、直线 CD、椭圆的交点；⑤D 为直线 BP、直线 CD、椭圆的交点。对以上几何关系的不同理解可以得到不同的解法，而要进一步解决问题就需要理解几何特征与代数运算之间的关系。

2. 将几何要素之间的关系转化为用代数方式表示是学习主线的关键环节

解析几何是用代数方法研究几何问题，所以能够采取合理的方式将发现的几何关系用代数形式表示出来，并清楚之后的代数运算又体现了几何要素之间具有怎样的关系，掌握其中的规律，提炼通性通法，形成一类问题的多种解法及掌握一种解法的各个细节。这样一个过程对于解析几何的学习至关重要，也是直观想象、逻辑推理素养、数学运算素养水平的重要体现。以下还是以 2020年全国 I 卷的第 20 题为例，给出本题两个通法的代数表示过程。

解法一：首先将点 C 及点 D 看作直线 CD 与椭圆的交点。

解：当直线 CD 的斜率 k 存在时，设直线 CD 的方程为

$y = kx + m$

由 $y = kx + m$ 与椭圆联立可得

$(1 + 9k^2)x^2 + 18kmx + 9m^2 - 9 = 0$

其中设 $C(x_1, y_1)$，$D(x_2, y_2)$，$\Delta > 0$ 时，x_1，x_2 是此方程的两个根，有

$$\begin{cases} x_1 + x_2 = -\dfrac{18km}{1 + 9k^2} \\ x_1 x_2 = \dfrac{9m^2 - 9}{1 + 9k^2} \end{cases} \text{成立}$$

设点 $P(6, t)$，由 A，C，P 三点共线及 B，D，P 三点共线可得 $9y_1 = t(x_1 + 3)$，$3y_2 = t(x_2 - 3)$。

【分析】以上过程包含了多个代数化表示的过程，如如何设直线 CD 的方程，A，C，P 三点共线如何表示等都有多种代数表示的方法。教师在教学中要充分给学生代数表示的思考空间，对学生的不同想法进行充分分析。学生只有经历这样的过程才能实现充分理解代数表示，正确进行代数表示，合理地用代数表示的学习效果。

解法二：首先将点 C 看作直线 PC 与椭圆的交点，点 D 看作直线 PD 与椭圆的交点。

（1）当 $t = 0$ 时，直线 CD 为 x 轴。

（2）当 $t \neq 0$ 时，设直线 PA 的方程为 $y = \dfrac{t}{9}(x + 3)$。

（3）与椭圆方程联立可得 $\left(\dfrac{9}{t^2} + 1\right)y^2 - \dfrac{6}{t}y = 0$，得到 $C\left(\dfrac{27 - 3t^2}{9 + t^2}, \dfrac{6t}{9 + t^2}\right)$。

（4）设直线 PB 的方程为 $y = \dfrac{t}{3}(x - 3)$。

（5）与椭圆方程联立可得 $\left(\dfrac{9}{t^2} + 9\right)y^2 + \dfrac{18}{t}y = 0$，得到 $D\left(\dfrac{3t^2 - 3}{1 + t^2}, -\dfrac{2t}{1 + t^2}\right)$。

【分析】以上代数化表示的过程也有很多值得进一步探讨的地方。点 P，A，C 三点共线就有多种代数表示的方法，因而在教学中教师要对学生的不同想法进行充分分析，从而得到最合理的表示方法。

通过以上教学过程，我们可以让学生充分体会如何分析几何元素，如何将几何关系代数化，如何在几何关系代数化的过程中建立代数表示与实际情况一一对

应的关系，体会不同的表示之间有怎样的优劣，几何关系用代数表示出来之后不同的运算背后又有怎样的几何解释，代数运算过程中的一般规律，不同方法的整体研究路径等。值得说明的是，教学中教师要特别注重通性通法的提炼。

3. 数学运算是学习主线中的落实环节

解析几何部分的运算也是高考考查学生数学运算素养水平的重要载体。在教学中，教师要将数学运算视为解析几何部分一项重要的教学内容，通过行之有效的教学手段，帮助学生克服运算中的畏难情绪，提升数学运算素养水平。

（1）提升运算能力可以从几何直观入手。教师可以通过几何关系的分析，提高学生的看图能力，从而使学生更好地把握几何本质，选择最简便的方法；教师可以通过几何特征选择合理的表示方法，降低之后运算中潜在的运算量，甚至在解题的过程中"看出结果，看出思路"。

（2）提升运算能力，教师可以从运算思路的选择入手。教师在对运算对象充分理解、深入分析的基础上，制定相对简便的运算思路，通过让学生灵活、正确地使用运算法则，提升数学运算的准确率及运算速度。

（3）提升运算能力，教师可以从对通性通法的提炼入手。我们可以看到，解析几何的运算在很多情境中都是相似的，教师可以对运算背景进行分类，将一类运算讲清楚，做明白，这将大大提高学生的运算能力。

教师可以通过以上措施，帮助学生突破运算关，提升数学运算素养。例如：

解法一：（接上题）

因为点 C、D 在椭圆上，所以 $y_1{}^2 = 1 - \dfrac{x_1{}^2}{9}$，$y_2{}^2 = 1 - \dfrac{x_2{}^2}{9}$。

从而得到 $\left(\dfrac{y_1}{y_2}\right)^2 = \left(\dfrac{1}{3} \cdot \dfrac{x_1+3}{x_2-3}\right)^2 = \dfrac{1}{9} \cdot \dfrac{(x_1+3)^2}{(x_2-3)^2} = \dfrac{1 - \dfrac{x_1{}^2}{9}}{1 - \dfrac{x_2{}^2}{9}} = \dfrac{9 - x_1{}^2}{9 - x_2{}^2}$，

即 $\dfrac{1}{9} \cdot \dfrac{(x_1+3)^2}{(x_2-3)^2} = \dfrac{9 - x_1{}^2}{9 - x_2{}^2}$。

【分析】以上过程是解法一的难点。利用点在椭圆上进行消元，看似复杂却可以顺利和韦达定理结合。运用这一方法需要全面理解几何要素之间的关系，不固化、不机械，才可以在不同的情境中灵活运用知识，降低之后的运算量。

$\dfrac{1}{9} \cdot \dfrac{(x_1+3)^2}{(x_2-3)^2} = \dfrac{9 - x_1{}^2}{9 - x_2{}^2} = \dfrac{(3-x_1)(3+x_1)}{(3-x_2)(3+x_2)}$，得到 $\dfrac{1}{9} \cdot \dfrac{x_1+3}{x_2-3} = \dfrac{3-x_1}{-(3+x_2)}$，即

$9(3-x_1)(3-x_2)=(x_1+3)(x_2+3)$，整理可得 $4x_1x_2-15(x_1+x_2)+36=0$。

结合韦达定理可得 $4\dfrac{9m^2-9}{9k^2+1}+15\dfrac{18km}{9k^2+1}+36=0$；

整理可得 $18k^2+15km+2m^2=0$，即 $(3k+2m)(6k+m)=0$，解得 $m=-\dfrac{3}{2}k$ 或 $m=-6k$。

当 $m=-6k$ 时，直线 CD 的方程为 $y=k(x-6)$，此时直线 CD 过定点（6，0）舍去。

当 $m=-\dfrac{3}{2}k$ 时，直线 CD 的方程为 $y=k\left(x-\dfrac{3}{2}\right)$，此时直线 CD 过定点 $\left(\dfrac{3}{2}, 0\right)$。

【分析】以上是解析几何常常出现的运算过程，教师对此运算过程中各个环节进行分析，每个环节选择最合理的运算思路，并且让学生反复经历以上过程并能正确运算出结果，从而提炼通性通法，理解运算思想，可以大大提升学生的运算能力。

解法二：（接上题）

设直线 AP 的方程为 $y=\dfrac{t}{9}(x+3)$ $(t\neq0)$，与椭圆方程联立消去 y 得

$\left(\dfrac{9}{t^2}+1\right)y^2-\dfrac{6}{t}y=0$，解得 $y=0$（舍去），$y=\dfrac{6t}{9+t^2}$，$x=\dfrac{27-3t^2}{9+t^2}$，得到

$C\left(\dfrac{27-3t^2}{9+t^2}, \dfrac{6t}{9+t^2}\right)$，同理得 $D\left(\dfrac{3t^2-3}{1+t^2}, -\dfrac{2t}{1+t^2}\right)$。

由对称性可知定点在 x 轴上，设定点坐标为 $E(x_0, 0)$，则由 C，D，E 三点共线可得 $\dfrac{y_1}{x_1-x_0}=\dfrac{y_2}{x_2-x_0}$，解得 $x_0=\dfrac{y_1x_2-y_2x_1}{y_1-y_2}$，

即 $x_0=\dfrac{\dfrac{6t}{9+t^2}\dfrac{3t^2-3}{1+t^2}-(-\dfrac{2t}{1+t^2})\dfrac{27-3t^2}{9+t^2}}{\dfrac{6t}{9+t^2}+\dfrac{2t}{1+t^2}}=\dfrac{6t(3t^2-3)+2t(27-3t^2)}{6t(1+t^2)+2t(9+t^2)}=$

$\dfrac{6t^2+18}{4t^2+12}=\dfrac{3(2t^2+6)}{2(2t^2+6)}=\dfrac{3}{2}$。

【分析】此环节的一个重要思想是通过三点共线将定点 E 的坐标表示出来，之后通过运算得到定点。这样的解题策略可以大大降低后续的运算量，而且这

也是解决这类定点问题的通法。

三、总结语

解析几何第一轮复习中，面对繁多的复习内容，实现良好的复习效果是每位教师孜孜以求的事情。《普通高中数学课程标准（2017年版）》提出："数学学科核心素养的发展具有连续性和阶段性。以核心素养为导向，明晰数学学科核心素养在内容体系形成中表现出的连续性和阶段性，引导学生从整体把握课程，实现学生数学学科素养的形成与发展。"依据研究路径这一学习主线开展的整体性教学，可以使学生从整体把握新、旧知识间的关系，在不同情境中，通过相似路径，在不断经历由几何到代数、由代数到几何的过程中积累丰富的经验，深刻理解几何与代数之间深层次的联系，综合发展核心素养。这样的教学也符合几何与代数这一主线教学的设计意图，可以带来良好的复习效果，有利于学生学习方式及教师教学理念的转变。

整体设计学习活动

站在学生学习的角度理解教学，教学过程应是学生个体的认知过程。学生是教学认识的主体，人类认识成果是学生认知的客体。而学习活动是连接主体与客体的中介，是学习发生的载体。学生在学习活动过程中的体验不仅仅指向知识技能层面，更指向学生对不同形式活动背后学习方式的体验。学生在学习活动过程中体会和发展自我的学习方式，并且发展形成自我喜欢或适应的一套学习方法，从而形成可支持学生最大化发展可能的可持续学习力。在教学过程中，学生学习方式的选择在一定程度上是由教师引导的。因此，教学设计重视不同学习活动指向怎样的学习方式，在不同的学习方式之下，知识又发生了怎样的变化，会产生怎样的学习效果，这是整个教学设计的核心环节。也就是说，活动设计要始终围绕促进学生更好地学，尽可能发展学生的学习方式，提升学生的相应能力开展。

对于教学活动设计，在此笔者有几个基本的主张。

（1）教学活动是师生共同参加的活动，既是教师教的活动，更是学生学的活动，因此教学活动设计应该基于学生的学开展，充分把学习的主体地位还给学生。活动设计要考虑学生的学习感受、学习情感，基于学生的学习需求进行。

（2）教学活动设计应该从互动、内容、动机三个维度调动学生的学习状态。三个维度共同描绘出了"学习"，学习是由三个维度构成的整体，三个维度之间相互制约、相互促进；而深度学习状态必然是三个维度充分调动的状态，因此学习活动设计要指向实现深度学习，即指向三个维度充分调动。

（3）学生在学习中采取不同的学习方式，而不同的学习方式又对应不同的内部认知加工过程，在知识的保持时间及迁移应用能力等方面产生不同的学习效果，因此学生实现不同的发展，继而这样的发展又会影响动机及互动维度。教师在教学中要通过学习活动设计指向，引领学生学会运用更复杂的学习方式来学习，从而实现更理想的学习效果。

（4）作为整体的教学设计，在教学活动设计环节要始终充分考虑对教学效果及学生学习情况进行评价，通过评价实现教、学、评一致性，实现对教学的反思，实现对学生的个性化指导。

根据在校学习的情境不同，学习活动可以分为课堂学习活动和课下学习活动。其中，课堂学习活动包含不同的形式，如课堂探究、听讲、小组讨论等；课下学习活动包含课前预习、课后作业、课外活动等形式。总的来说，学习活动可以分为三种类型：知识建构活动、问题探究活动、专题实践活动。知识建构活动是在课内实施的，让体验数学知识发生发展的过程，促进学生知识建构、思维发展与数学理解。问题探究活动则是既有课前探究又有小组讨论与课内展示交流的学习活动，它侧重于对一个问题的探究，有助于建构完整的知识板块，优化数学解题思路、拓展思维开阔视野，提升学生的探究能力与创新能力，体现问题解决的意义和价值。专题实践活动是既有自主实践又有相互协作，既有户外活动又有课内交流的数学活动。它有助于整合数学知识，提升学生的建模能力与实践能力，有利于学生体验数学与实际生活的紧密联系，彰显数学学科的育人价值。

第一节　教学设计应考虑学习活动与学习方式的一致性

整体性教学的整体性绝不仅仅体现为知识结构的整体性，还体现为整个教学过程是教学目标、教学过程、教学反馈、教学评价等前后逻辑一致的整体。非常重要的是，教学活动与学习活动进而与学习方式的整体一致性。教学活动与学习活动是基于教师视角及学生视角的两种说法，实际上都是师生共同参与的活动。要实现深度学习，实现符合学习科学的学习发生，需要教师从学生学习活动的视角思考教学活动设计。无论是之前研究的全视角学习理论还是 ICAP 学习方式分类学，或者是有意义学习理论，都给出了从不同视角对学习方式的理解。虽然对学习方式的解读有所不同，但共同的是各个学习理论都认为不同的学习方式将带来不同的学习效果，在知识保持时间和知识的运用、迁移、创造的可能性方面都会不同。当然全视角学习理论会认为不同的学习方式对学习三个维度的影响都将不同。因此，学习方式是学习的核心环节，基于学习内容，以学习方式的培养为抓手，通过转换学习方式可以实现学生的全面发展，实现我们所期待的育人目标。只有教师通过自己的教学设计在学习的各个环节全面营造有助于学习方式发展的学习氛围，创造有助于学习方式发展的学习条件，推动有助于学习方式发展的学习发生，才可以真正地实现深度学习，这样学生必然在学习中得到发展。而简单机械的学习情境下学生是无法实现这些发展的。

毋庸置疑的是，教师在一定程度上主导着学生以怎样的方式学习，也意味着教师在发展学生学科素养方面有很多工作可做、可研究。要实现学习方式转变，在学习中学会学习，学生需要在每天参与的学习活动中不断体会发展。如果教师设计的教学活动就是学生每天听讲，学生自然多半采取被动方式学习。只有教师设计的教学活动给学生思考的时间，学生才有可能深入思考并且在思考中创造些什么。当教师重视生生、师生之间的沟通时，才可能实现共同学习氛围的营造及相互促进的共同发展。因此，对学生学习方式的考虑必然是教学活动设计的核心要素，这是在校学习发展学生核心素养，实现立德树人的必经之路。

从数学的角度来说，《普通高中数学课程标准（2017 年版）》提出：教师要把教学活动的重心放在促进学生学会学习上，积极探索有利于促进学生学习的多样化教学方式（不仅限于讲授与练习，也包括引导学生阅读自学、独立思考、动手实践、自主探究、合作交流等）。教师要善于根据不同的内容和学习任务采用不同的教学方式，优化教学，抓住关键的教学与学习环节，增强实效。例如，丰富作业的形式，提高作业的质量，提升学生完成作业的自主性、有效性。

《普通高中数学课程标准（2017 年版）》指出："教师要加强学习方法指导，帮助学生养成良好的数学学习习惯，敢于质疑、善于思考，理解概念、把握本质，数学结合、明晰算理，厘清知识的来龙去脉，建立知识之间的关联。教师还可以根据自身教学经验和学生学习的个性特点，引导学生总结出一些具有针对性的学习方式，因材施教。"

那么这些方式如何开展才有利于学生的学习呢？在这些方式开展的过程中学生应如何学习呢？如何通过学生的表现观察到学生在采取怎样的方式学习呢？学习科学理论尤其是 ICAP 学习方式分类学可以回答以上问题（图 7–1）。

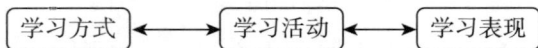

学习方式 ←→ 学习活动 ←→ 学习表现

图 7–1

    ICAP 学习方式分类学主张通过学生在学习活动中的表现这一显性行为特征预测学生在学习中采取了怎样的认知加工过程这一隐性心理过程，以及随之会带来怎样的学习效果，即学生实现了怎样的发展。ICAP 学习方式分类学将学习方式分为被动学习、主动学习、建构学习、交互学习，并且随着学习复杂程度的增加，学习状态越投入，学习效果越好。ICAP 学习方式分类学并不是局限于认知领域的学习科学，而是涉及了学习的三个维度，更重要的 ICAP 学习方式分类学是建立在实证研究基础上的学习科学。基于 ICAP 学习方式分类学的研究主张，我们首先可以从分析在学校学习情境下、在常见的学习活动中师生的共同表现及学生有可能采取的学习方式入手。

第二节　不同学习活动中学生的表现及对应的学习方式

在教学过程中，教师针对学生学习可以设计各种形式的学习活动，每一种学习活动又有不同的学习表现。以下将从活动设计（教师）、学习表现（学生）、学习方式（学生）三个角度进行总结。

一、教师讲授学生听讲

教师全程讲授，这样的教学活动指向学生集中注意听讲。理想状态下，学生集中注意听讲，正像梅耶的意义学习模型指出的那样，学生接收到信息刺激之后，选择对信息集中注意，这样学习就发生了。在这样的教学活动中，学生最多采取的是被动学习方式。因此，在课堂设计中必须有由学生独立完成的任务，否则在"吃大锅饭"的过程中很容易造成学生走神。

二、教师讲授并提出问题及学生听讲并回答问题

当然，具体的讲授环节教师不可能全程只是一人讲，教师往往会在讲授过程中设置提问环节。因为提问将指向推动学生积极思考，采取更复杂的学习方式，因而教学设计中教师要考虑问题设置如何能调动全班学生投入思考。自问自答的模式仅仅只是停留在教师自我安慰的角度，这样的问题不如不问；问题过于复杂而没有给学生思考的时间或者复杂程度超出了学生能力范畴，也没有办法调动学生思考的积极性。教师提出问题之后给学生思考的时间是必须的，尤其是初始年级正是习惯养成的关键时期，课堂中只有给学生思考的时间才可以将思考引向深度。随机提问及提问后根据学生的回答继续随机提问，由学生来完善补充答案，这样可以调动更多学生投入思考，参与这一课堂活动。

在这样的学习活动中观察学生的课堂反应，如果学生能够认真听讲，并思考提出的问题，回答问题则采取的是主动学习。如果学生能认真听讲并在回答问题时提出自己的看法或者是主动提出问题，这样的学习往往指向建构学习。如果学生能够认真听讲并积极主动回答问题且积极地和老师、同学互动，这样的学习往往是交互学习。当然，基本上所有学习方式分类理论都没有给出绝对清晰的划分，教学中可以根据实际情况来判断或者由学生自己来判断。如果学生在认真听讲但并没有办法回答出问题甚至面对问题毫无头绪，这样学生肯定在认知过程中没有采取更高一级的学习方式（表7-1）。

表7-1　教学过程（1）

教学活动	学生表现	学习方式
讲授过程中提出合理的思考问题	只是集中注意力，无法很好地回答问题	被动学习
	集中注意力听讲，并能够思考问题、较完整地回答问题	主动学习
	集中注意力听讲，并能够完整地回答问题或提出自己的独特想法	建构学习
	集中注意力听讲，并能够主动地回答问题、完整地回答问题，提出问题与老师、同学积极互动	交互学习

三、师生共同完成探究活动

在讲授过程中经常需要设置探究活动。新课程标准提倡采取主动、探究、合作的学习方式，并且增加了数学建模和数学探究活动这一学习主线。何为探究呢？有文章提出，探究性教学是指在教师的指导下，学生主动地从学习生活和社会生活中选取与教学目的和教学内容有关联的问题或项目，用类似于科学研究的方式去获取知识、应用知识、解决问题的教学活动。探究式教学的主要体现为学生在教学过程中对问题的自主探究活动。通过对学习理论的研究，我们其实可以尝试给探究、交流这一学习活动的内涵以更清晰的解释。探究对应建构，是独自寻找解决问题的方法，生成新的想法的过程。交流对应互助，是在建构的基础上通过交流充分吸收对方的想法并共同解决问题的过程，是收获其他人的建构结果并丰富自我建构的学习过程。探究与交流往往在学习活动中同时发生。当下很多教学模式都属于探究、合作或者建构、互助的学习方式，只是不同特点的任务会有不同的探究、合作的过程，会用到不同的解决问题的方法和思想，会收获不同的认知策略性知识，如项目式学习，从宏观角度来说其实属于探究式学习。探究性学习往往源于问题。例如，学习的重、难点中所应探究的问题，学生认知之间的差异，学习内容中容易存在争议的部分，生活中需要解决的问题等都可以造成学生的认知不协调，从而成为探究活动过程中问题的来源。认知负荷理论的研究表明，问题难度越大，通过小组合作交流解决的方式学习效果越好，这也与 ICAP 学习方式分类学的主张一致。因此，在探究过程中研究的问题要具有一定的难度，既可以由教师提出也可以由学生提出。在具体的探究过程中，探究方案、探究实施、探究成果交流往往是整个探究过程所必需的环节，这些环节可以放手让学生具体制定实施，也可以在教师指导下完成。探究的完成本质是学生独立建构知识的过程，在建构的基础上往往要叠加交流的环节。在师、生、环境这样一个完整互动过程中完成探究学习。

四、小组讨论

小组讨论是很常见的一种课堂学习活动，往往发生在自主探究之后或者完成某一学习任务（如作业）之后。教师要思考的是，哪些内容适合小组讨论完成，通过小组讨论环节学生的收获是什么？是否小组讨论活动的学习效果优于教师讲授或全班讨论？笔者认为，以上问题的答案可以从这个活动是否可以更好地调动学习的三个维度来寻找。首先，小组讨论必然存在的一个先决条件是，学生进行了较为充分的自我建构，没有自我建构的过程，这样的小组讨论交流是绝对低效的。在充分自我建构的基础上，如果这个问题通过学生之间的讨论就可以得到比较理想的解决，那么这是学生之间充分交流沟通、形成学习共同体、体验互帮互助、共同探索的良好素材。通过这样的环节，学习基础不同的学生相互帮助，负责讲解的学生将自己的思考主张讲解出来，从而实现了对知识的再次建构及整合，实现了从不同角度对知识进行充分联系、理解。对于学习存在困难的学生，这样的过程可以使他们在交流过程中充分了解自己的困惑和自己的思考，甚至在以诉说为方式的建构过程中自我找到问题的解决方法。

教师要给予学生在学习过程中相互帮助的机会，这是让学生学会倾听、理解、合作的良好时机，更容易调动学生学习的积极性。当然对于一些较难的问题，也许组内多名学生并没有明确的思路解决问题，这时小组讨论就进入了低效阶段，这时需要教师及时发现并采取合理措施，以避免低效学习的发生。小组讨论也不应该是无组织、无要求地讨论。无序地讨论或者学生没有意愿进行交流，都会影响这个学习活动的有效性，不仅没有实现交互学习，而且浪费了学生的时间。小组讨论也可以采取"小先生"的开展方法，如教师先对每个组的组长进行培训，之后组长再回到组内开展交流。这样也可以充分调动不同学生的学习积极性。在小组讨论的过程中，教师不仅要关注每个组的讨论进程，同时要观察每个学生的学习表现，以此作为评价学生所采取学习方式的依据。

在这样的学习活动中，学生通过自我思考，之后在小组内通过讨论寻找解决问题的方法，集全组学生的力量解决问题，这样的教学活动指向引导学生采取建构学习或者交互学习。在探究、交流合作学习的过程中，如果学生在交流环节能够发表自己的想法或者能够倾听其他学生的想法并提出疑问或建议，学生采取的是建构学习或者交互学习。如果学生在交流环节只是倾听其他同学的想法，那么这说明学生不会建构或者建构能力不足，那么对于这位学生而言他所采取的学习方式是被动方式或者是主动方式，这时就要引起教师的注意，教师就要在后续的学习中了解学生出现这样状况的原因并进行有针对性的指导（表7-2）。

表7-2　教学过程（2）

教学活动	学生表现	学习方式
探究之后合作交流、课堂讨论	在交流环节能够表达自己的见解，且探究有成效	主动学习或者建构学习
	在交流环节能够表达自己的见解，且探究有成效，能够认真倾听其他同学的想法，能够批判性地吸收其他同学、老师的想法	建构学习
	在交流环节，只是倾听，不发表意见或不参与交流	被动学习或主动学习

以上分析了课堂中常见的讲授结合提问及讲授结合课堂探究的教学活动，当然在讲授过程中还应结合操作，如运算、画图等。以上形式是课堂教学活动（学生学习活动）的主要形式。从以上分析可以看出，一味地讲授，学生的学习将是无效学习或者被动学习，教师如果在讲授的过程中增加适当合理的环节，学生的学习可以是建构学习或者交互学习，继而在这样复杂的情境之下，学生有可能产生转换学习。教师通过观察学生在不同活动中的行为表现可以发现学生采取了怎样的学习方式，也就可以预测学生的学习效果。当然，学习的效果是由各种复杂因素共同影响的，偶尔一次的表现也许说明不了什么，但综合学生在整个学习过程中的表现，是可以预测学生的学习方式及学习效果的。这些表现为教师在教学中对学生进行针对性的指导提供了依据。

五、记笔记

数学是思维的体操，数学的抽象性及逻辑性常常给学生学习造成困难，一节课一个阶段的学习之后，往往需要学生记笔记。对于笔记，尤其是课堂笔记，其实值得教师思考的是，哪些内容需要记，哪些内容不需要记。课堂学习过程中其实有很多内容都是没有必要记的，更多的是跟随课堂节奏积极建构的同时，将自我感悟快捷简便地记下来，这样可能对于学习而言效果更好。在课下也经常出现需要整理笔记的情况，这时学生有较为充足的整理笔记的时间，笔记的质量往往可以体现学生的学习方式。

如果学生的笔记是照抄黑板或学习内容，尤其是写几个字就抬头看黑板，这时学生采取的肯定是被动学习；如果学生能够选择性地记笔记，这样学生采取的是主动学习；如果学生能够在记笔记的过程中提出自我的感悟或总结，或者借助表格等方式整理笔记，则学生采取的是建构学习；如果学生能够在充分建构的基础上交流自我感悟之后再记笔记或通过交流对笔记进行修改，则学生采取的是交互学习。对学生记笔记习惯的观察，也可以发现学生擅长使用哪一种学习方式，这有助于教师对学生进行有针对性的指导，将可以有效发展学生的学习方式，使学生在学习的过程中以更积极的状态投入学习（表7-3）。

表7－3　教学过程（3）

教学活动	学生表现	学习方式
在学习过程中记笔记	照抄，甚至是几字一抬头地照抄黑板	被动学习
	有选择性地记笔记	主动学习
	借助表格等整理笔记、提炼感悟收获	建构学习
	交流后记笔记，或者交流后对笔记进行修改	交互学习

六、学生讲解

学生讲解，即由学生作为"小老师"在课堂上进行讲解。学生讲解在很多情况下都有可能发生，如在教师讲解之后学生有不同观点，在探究、小组合作活动结束之后由学生讲解自己的成果，在全班讨论环节由学生讲解自己的做法，在自学完成之后由学生讲解自学内容，等等。学生讲解在不同情境中的利弊也是需要教师考虑清楚的。我们经常有全班课堂讨论环节，教师提出问题，由能够解决问题的学生回答问题甚至到讲台进行讲解，这样的环节不同于教师的一言堂，可以提高学生的学习兴趣，这样的方式是有其积极意义的，而且鼓励不同学生敢于发言、表达甚至是质疑，本身就是鼓励学生积极思考。有观点质疑全班讨论环节往往是几个人的狂欢、一群人的寂寞，似乎几个人的狂欢是一群人的寂寞的原因。实际上，有的学生能够提出问题、解决问题这本身就是值得鼓励的事情，这样才有更多的学生在不同的学习情境中积极思考、勇于表达。即使没有这几位学生的表达，问题要解决，最终也要由教师讲解完成，这样还缺少了个别学生锻炼的机会，缺少了个别学生鼓励其他学生的机会。自己身边有人就可以做到总比在遥远的天边有人做到要更鼓舞人心。因此，这个模式的问题不在于出现了"几个人的狂欢"，而是教师是否关注学生讲解情况并及时正确点评，教师是否在学生讲解完成之后给其他学生提出疑问的机会，是否在讲解完成之后追问一句"你是如何想到的呢？"以此将学生内容的建构过程可视化，在核心的"想法""依据""灵感"上做文章（这些经验可以有效促进其他学生有相似思考的意识、方法）。这样，学生在课堂讨论环节的收获绝对是丰富的。

有时学生讲解发生在学生预习之后，一部分内容完全由学生进行讲解。这种情况之下，学生讲得不够好的问题就充分暴露出来了。即使学生对知识内容有了自己比较全面、深刻的理解，但因为学生毕竟在讲解上没有经验，往往没有教师讲得好。在大段这样的讲解中，听讲的学生往往要忍受长时间的被动学习，这很难说学生的收获要比教师讲解好。因此，这种方式的学生讲解，尤其是大段时间甚至是一堂课的学生讲解，教师在教学中还是要慎用。但是，这种方式的优点是可以充分调动每名学生的积极性，使他们认真"备课"。因为"备课"本身就是对知识重构的一个过程，在备课过程中学生要将知识逻辑化、条理化，区分出重、难点，区分出易错点，并且考虑如何将这些问题讲解清楚，这样每个学生都做了充分的准备，并且在后续（如课上交流）过程中又有了相互之间的沟通分享，这就是一种很好的交互学习。在开展这个活动前要做好充分的准备，如提前对负责讲解的学生进行培训，讲解过程中教师要全面跟进、及时点评，对学习内容做好规划等，相信学生也可以有很大收获。这个模式还需要再具体研究。

学生讲解这样的学习活动其实是一种特别的交互学习的方式。在讲解之前需要全班学生对学习内容进行加工处理，这是指向建构方式的教学活动。在讲解过程中，可以是多人讲解相互交流沟通，这样指向交互学习方式。教师依据学生在讲解过程中的表现，可以清晰地判断学生对知识的理解情况，判断学生所采取学习方式。教师观察听讲学生的反应并做及时点评和调动，可以调动更多学生投入交互学习。

七、做作业

作业这个环节首先是如何布置作业的问题。作业的功效教师一定要想清楚，绝不要因为作业而作业，或者因为想占用学生的时间而留作业。作业应该是整个学习活动的延续，应该放在整节课的设计中确定作业的功能。比如，教师可以根据本节课的学习内容继续布置探讨性的作业，可以让学生就某个问题提出自己的想法，可以就某个主题书写一篇小论文，可以布置预习作业。当然，对于数学而言，很多时候数学作业是做题。通过以上作业可以实现延续课堂教学、加深理解、引导探讨、研究数学、提前预习等目的。作业根据学生掌握情况应该分层，使不同学生在完成作业时有一个选择的空间。学生在作业中的表现既可以反映出学生对学习的态度，也可以反映出学生在学习过程中知识的掌握情况及所选择的学习方式。

如果学生作业无法完成或者完成质量很差，学生采取的往往是被动学习；如果学生作业完成质量较高，学生采取的是主动学习；如果学生作业完成质量很高而且学生可以有自己的独到见解，或者学生在完成作业的过程中发现问题并提出问题，学生采取的往往是建构学习；如果学生能够和同学讨论各自解决问题的思路，这样学生采取的是交互学习。

八、阅读自学

在课堂学习中或者在作业中，我们经常要让学生自我阅读，通过阅读的方式自学完成学习。学生能够学会一边阅读一边把握关键信息，一边有逻辑地思考，能够发现问题、提出问题并尝试在阅读过程中解决问题，这本身就是建构学习。在阅读中建构知识网络是自学能力的重要体现。

当下数学教学模式和形式不断涌现，如"引导探索法""读读、讲讲、议议、练练""自学辅导教学法""引导发现教学法""尝试指导、效果回授教学法""活动式教学法"，以及当下引起广泛研究的"项目式学习""STEAM 学习"等。以上研究为教学开展从不同角度提供了各种非常宝贵的经验。教师在不断提升对课程、对数学等认识的基础上，将目光同时聚焦于教学活动的开展，开阔思路与眼界，不断借鉴这些宝贵经验，在学习理论的指导下，实施于每天的自我教学中，围绕深度学习的发生、学习素养的发展开展教学，这必然可以有效提升教学效果。

第三节　在 ICAP 学习方式分类学的指导下设计学习活动

通过以上分析，我们详细研究了教学过程中不同的教学活动开展模式或者说不同的学习活动开展模式，研究了在不同的模式中学生的行为表现以及显性的行为背后所采取的学习方式。依据 ICAP 学习方式分类学，学习方式对应知识变化过程及知识变化结果，进一步对应不同的学习效果。因此，通过教学活动设计发展学生的学习方式应该是提升学生学习能力的有效途径，是教师教学工作的有力抓手。

要做到在学习活动中引领学生学习方式的转变，就需要教师依据学生学习基础（认知基础、能力基础、兴趣爱好、学习动力）和知识内容的特点（新课、复习课、复杂关系、简单关系、技能要求高低、抽象性如何），在实际教学设计中思考如何通过发展复杂的认知过程推动学生采取复杂的学习方式，实现深度学习。

ICAP 学习方式分类学从行为表现视角将学习方式分为被动学习、主动学习、建构学习、交互学习，它们依次对应不同的学习效果。在教学设计中，教师要设计指向建构的学习方式，多创设交互学习的情境。而真正的交互学习应该是在充分自我建构基础上的，因此指向建构的、交互的学习方式是教学活动设计所应重点考虑的。

在 ICAP 学习方式分类学的指导下进行学习活动设计，要加入学生在活动中的表现这一预设，并思考活动设计是否能推动学生在学习中采取建构或者交互的学习方式，思考全班大多数学生在学习中的表现将是怎样的。思考学生在学习活动中的表现实际上就是思考学生将怎样学习。因此，学习活动连接着两部分内容：一部分是学生的认知加工方式，另一部分是学生在活动中的表现。从知识的角度来看，学习活动同样连接着两部分内容：一部分是知识变化过程，另一部分是知识变化结果。学生作为学习活动的主体，学生的个人认知基础、能力发展状况、个人意愿是中间关键环节。在兼顾此关键环节之下，建立两部分之间目标一致、逻辑一致的联系，对学习将起到至关重要的作用。此外，教师还要充分考虑的一个要素就是学科认知规律，对于本书而言就是数学学习。

从形式上看，引导学生采取建构学习的活动有发现不同例子的本质特征、基于定义区别不同特征、解释定义、举例说明、分析要素之间的关系、分析新知识与储备知识之间的关系、回归知识点、回归思想方法、提出疑问、总结经验、画概念图、在不同情境中运用知识等。活动设计也可以参考加涅的研究成果（表7-4）。

表7-4 学习过程

学习结果		内部条件	外部条件	行为表现
言语信息	名称	知觉辨别	重复、记忆术	陈述符号的命名
	事实	陈述性知识有组织的网络	提供言语交流、图片或其他线索	口头或书面陈述各种关系
	有组织的知识	事先存储于学习者记忆中的相互联系的命题组织网络	提供有区分性的"线索"，精加工，学习者的注意策略	以保持"意义"及较概括的方式保存信息
智慧技能	辨别	物体差异能够引起大脑活动的不同模式	接近、强化、重复	区分一个或多个物理维度上的不同刺激反应
	具体概念	回忆辨别	给出若干无关特性上很不相同的概念例子，并要求学习者识别每一个例子	学生通过"指出"某个类别的两个或更多成员，来识别某类物体属性
	定义性概念	学习者能够提取出定义中的所有组成的概念，包括代表它们之间关系的概念	通过让学习者观察演示来学习定义性概念	学生通过识别出作为定义的构成成分的概念的例子，指出它们之间相互关系而演示他们习得了的概念

续 表

学习结果		内部条件	外部条件	行为表现
智慧技能	规则	提取出组成规则的每一个概念,包括代表关系的概念	使用言语交流提供线索:提示学生以正确的顺序组织概念	通过把它运用于一个或更多个具体例子上而得到证实
	高级规则(问题解决)	提取相关的规则和信息	言语交流提供的线索是少量的,引导学生进行发现学习	发明和使用复杂规则来解决新问题

在学生充分自我建构之后,教师还要设计合理的交互学习的机会,如课堂中的师生对话、生生对话、小组交流探讨、学生讲解等环节,将学生的研究思路、研究成果、研究心得充分展示出来,在交流中实现思维的碰撞、程序性知识的掌握及知识的整合。

在每一个活动中,学生通过不断进行自我图式储备与新知识之间的链接(选择)、组织、整合,不断总结在解决问题过程中的陈述性知识与策略性知识方面的收获,从而在不断经历这样的链接过程中(也就是不断体验有意义学习的过程),实现自我经验的总结、意义的建立,从而实现转换学习,进一步发展能力,构建对自我的认识,并在自我认识中塑造自我,实现立德树人的目标。学生在充分自我建构的基础上,通过交互学习,也就是不同同学之间的深度交流,推动自我意义建构,展现"自我"与"自我"的相遇。只有师生真诚地展示自我,才能形成一个强有力的学习场域,营造于困难中寻找思路、于蛛丝马迹中寻找灵感的情境,在情感的流淌中相互感染,实现收获的共通和共情,从而塑造自我。

塑造自我是建立在对自我认识、发展自我的基础上的。在心智不够成熟时期,学生还无法有意义地塑造自我。就个人而言,在学习中认识自我、发展自我、成就自我是人生的主题。研究这个主题并践行这个主题是教育工作者的使命,也是教师在工作中不断完善自我的途径。在此可以参考哈佛大学教授罗伯特·凯特的研究,他是从意义理论的视角研究学习的,他自己称为建构—发展视角。他将学习定义为一种持续的贯穿于整个生命历程的一系列转换,在他看来,"当一个人认识到早先的过程和自己所导向的未来选择时,他就能够更好地理解和鼓励这样的转换发生"。这些转换的特征表现为：过去是认知主体的东西，在转换中成了客体，即一个人过去被加以控制的东西，现在变成了他自己控制的东西。在此基础上他起草了一个五步图解（表7-5、表7-6）。

表7-5　五步法

		主体	客体	潜在结构
社会的刺激		知觉 幻想 社会知觉 冲动	运动 感觉	单点、即时、元素
社会的作用		具象 现状 数据、因果 观点 角色概念 简单互惠（针锋相对） 持久性 需要、偏好 自我概念	知觉 社会知觉 冲动	持久的种类
社会化的心灵	传统化	抽象 理想 推论、概括 相互关系化、人际关系化 角色意识 双向互惠 内部状态 主体性、自我意识	具象 观点 持久性向 需要、偏好	跨越种类的

续 表

		主体	客体	潜在结构
自我创造着的心灵	现代化	抽象体系 意识形态 公式、授权 抽象事物间的关系 制度 关系规范形式 多角色意识 自我创造 自我规范、自我塑造 身份认同、自觉、个性	抽象 相互关系 人际关系化 内部状态 主体性 自我意识	体系、复合体
自我转换着的心灵	后现代化	辩证的 跨意识形态的、后意识形态的 试验性的公式、悖论 交互制度 形式之间的关系 自我与他人的相互渗透 自我转换 自我间的相互渗透 交互个性	抽象意识 意识形态 制度 关系规范形式 自我创造 自我规范 自我塑造	跨体系 跨复合体

表 7－6　发展

发展线	
关键	认知的 人际关系的 交互个体的

　　笔者现在依然记得自己当初学习这个理论时的兴奋，这正是学习的意义所在啊！也正因如此，我们的学校教育不能仅仅是知识传递，尤其不能采取极端方式实现知识传递，而是应该让学生在丰富的体验中学习了知识的同时，学习对自我的认识，体验更多自信与兴趣，发展自我，形成一个个各具特色、能够健康成长并且有益于社会、能够回馈社会的人。

第四节　逻辑思维的培养是数学
学习活动的核心目标

数学是研究客观世界中数量关系和空间形式的科学，通过逻辑推理、符号演算和科学计算认识世界。高度的抽象性和严密的逻辑性是数学学科两个显著的特性。因此，从数学学科本身的特点来说，逻辑思维能力是学习数学的必备能力。从学科育人的角度来说，教育部高等学校数学与统计学教学指导委员会在《数学学科专业发展战略研究报告》中指出："数学训练在提高人的推理能力、抽象能力、分析能力和创造能力上，是其他训练难以替代的。"新课程标准指出，"数学在形成人的理性思维、科学精神和促进个人智力发展的过程中发挥着不可替代的作用"。所谓理性思维，是指按照对象本身的规律来认识对象，即不受制于无关因素的干扰，以概念、判断、推理的方式进行逻辑的思考，从而得出概念清晰、逻辑严谨的结论。因此，要实现理性精神培养这一数学的独特育人价值，逻辑思维能力是核心能力。从高考评价体系来说，《中国高考评价体系》提出"一核四层四翼"的评价体系，其中"四层"指考查内容，即必备知识、关键能力、学科素养和核心价值。其中，关键能力是指逻辑思维能力、运算求解能力、空间想象能力、数学建模能力和创新能力。逻辑推理能力排在关键能力的第一位。从学科素养的发展来说，数学学科核心素养包括逻辑推理、数学抽象、数学运算、直观想象、数据分析、数学建模。这六大核心素养并不是孤立存在的，而是相互依存、相互促进的，每一种素养都含有逻辑推理的因素。因此，逻辑思维能力应该是发展数学思维、形成数学能力的核心。教师在教学中要特别注意对学生逻辑思维能力的培养。

《普通高中数学课程标准（2017 年版 2020 年修订）》指出，逻辑推理是指从一些事实和命题出发，依据规则推出其他命题的素养。其主要包括两类：一类是从特殊到一般的推理，推理形式主要有归纳、类比；另一类是从一般到特殊的推理，推理形式主要是演绎。逻辑推理主要表现为：掌握推理的基本形式和规则，发现问题和提出命题，探索和表述论证过程，理解命题体系，有逻辑地表达与交流。

数学思维是指用数学的方式认识世界的思维，它必然是在数学活动中孕育而生的。章建跃教授指出，要寻找数学学科的育人价值"只能从数学和数学教育的内部寻找。具体而言，就是在课堂教学中，要以数学地认识问题和解决问题为核心任务，以数学知识的发生发展过程和理解数学知识的心理过程为基本线索，为学生构建前后一致逻辑连贯的学习过程，使他们在掌握数学知识的过程中学会思考"。我们常说数学是思维的体操，简言之，学会数学就是学会思考，而数学的思考自然应该是有逻辑地思考。

如何在学习活动中培养学生的逻辑思维能力呢？"构建前后一致逻辑连贯的学习过程"是培养学生逻辑思维能力的有效途径。在教学设计中，教师要善于抓住那些有价值的"问题"。数学中的问题来源于哪里？数学中的问题可以来源于生活情境，如数学建模就是用数学方式解决生活中的问题，而且在新的生活情境中运用数学知识是有效培养学生应用迁移创新能力的途径。数学中的问题更多的来源于依据数学知识进行逻辑推理的过程。善于在逻辑推理的过程中发现问题并且提出问题，这本身就是逻辑思维能力的体现，也是发展逻辑思维能力的有效途径。善于在逻辑推理的过程中发现问题，通俗地说就是善于在推理过程中寻找因果，而这里的因果是有依据的因果，而不是凭感觉的因果，这也是理性的体现。在发现"因果"的基础上，善于联系，在更广泛的知识空间发现更多逻辑上或直觉上（直观想象）的联系，这是培养应用能力及创新意识的基础。在掌握双基的过程中，在掌握双基的基础上，发展数学的思维能力，是引导学生会学数学的必经之路。因此，无论是现在提倡的数学建模及数学探究活动，还是更为朴素及普遍的依据数学知识本身，在逻辑推理的过程中提出问题和研究问题都是设计数学学习活动的良好途径。

函数作为高中阶段一个重要的概念，其实并不是一个新的学习内容，学生在初中已经学习了函数的概念，那么，高中为什么还要继续学习函数的概念呢？初中函数概念和高中函数概念有怎样的不同呢？理解了这两个问题才可能从整体上把握初高中函数概念的关系，做好高中函数概念的教学。初中的函数概念是"变量说"：在一个变化过程中，两个变量之间存在一种具有限制条件的对应关系，即每一个 x 都有唯一对应的 y 与之对应，则构成一个函数。这个定义没有描述清楚这个变化过程如何数学地表达，以及两个变量的取值范围是什么等基本问题，对后续建立函数模型解决问题带来概念上的混乱。高中函数概念是"对应说"，是用集合语言及对应关系来定义函数，通过引入两个非空数集给出了两个变量取值的范围，通过引入对应法则，准确描述了变化过程是什么。这样就清晰地建立了两个非空数集之间，按照对应法则的一种对应关系。特别重要的是，高中函数概念给出了 $y = f(x), x \in A$ 这样一般函数的表示方法，这个表示方法形象地给出了 x，y，f 三者之间的关系，也实现了简洁地描述本质的效果。以上初高中函数概念的不同，以及高中函数概念在初中函数概念基础上的进一步发展都需要教师在教学中带领学生逐渐体会。这样也就得到了高中函数概念教学的关键点，即通过实例逐渐体会并归纳出函数概念的本质，理解引入集合语言的必要性，理解对应法则的具体体现是什么，理解函数中的对应法则的核心要求（"每一个""都唯一"的含义）是什么。教学要通过设计合理的学习活动解决好逻辑发展过程中各个关键问题。例如，初高中函数的概念有什么不同？学习高中函数概念的必要性是什么？在每一个具体情境中，"每一个变化过程"中的两个变量是什么？这两个变量在什么范围内取值，这两个变量之间满足怎样的对应关系？当将取值范围用集合语言表示，对应关系用符号 f 表示时，这几个例子所体现的变量对应关系之间有怎样的相同本质？这些本质如何用符号语言描述，能否用符号语言描述过去所学习的特殊函数（一次函数、二次函数、反比例函数），能否用符号语言描述其他情境尤其是应用情境中的函数关系？能否在给出函数之后创设一个情境使其中的变量恰好符合给出的对应关系？等等。甚至在教学结束之后教师可以让学生提炼研究对象、研究方法、研究路径。这样的提炼过程可以使学生将学习回归到更本质的问题上——"我们在研究什么？这些问题是如何进行研究的？为什么要进行这些研究？"从而为后续研究一系列函数奠定基础，并且在后续研究一系列函数的过程中不断与函数概念进行加工、整合、储存，形成牢固的知识固着点，在知识的理解深度及保持时间方面实现突破。越是基础性概念其统摄性越强，应用范围越广，以此为学习素材，设计促进学生深度学习发生的学习活动，学生将通过学习得到多方面收获。

第五节　数学学习的过程

　　章建跃教授在首届中国基础教育论坛暨中国教育学会第 33 次学术年会中提出，"设计数学课程内容，必须以过程与结果的完美结合为目标指向，以事实—概念（本质）—性质（关系）—结构（联系）—应用为明线，以事实—方法—方法论—数学学科本质观为暗线，为学生获得数学对象—研究数学对象—应用数学知识提供载体"。这是一个完整的数学研究过程。在当下不同角度的数学研究中，最核心的研究是什么？笔者认为，各种研究实际上都是在解决如上过程如何实现的问题。围绕这个过程设计教学活动，在活动设计中兼顾学生实际所采取的学习方式，因为这些过程有很多实现的途径，教师讲授，甚至学生看书自学都可以在一定程度上实现，而最重要的是让学生全面地投入学习，这就为实现以上过程增添了不小的难度。在上一章的研究中本书尝试从学习内容的角度实现以上过程，而本章是从学习活动角度实现以上过程。

　　从上一章的分析可以看到，学习数学知识发展数学素养最重要的是培养逻辑思维能力。有逻辑地思考与推理是会用数学的方式思考的非常重要的体现。有研究指出，逻辑思维素养的关键要素包括定义与命题的表达、推理的一般形式、归纳推理的思维过程、演绎推理的思维过程。这其实和数学的学习过程是契合的，是数学学习过程的不同角度的表达。定义的得到是从事实中抽象出定义的过程，这个过程培养的是学生的数学抽象素养和学生经历归纳推理等过程。这个过程实现了，学生就知道了研究对象是什么。之后研究性质建立结构的过程实际上也往往是逻辑推理的过程。数学命题是数学推理的对象，数学命题根据陈述内容可以分为关系命题和性质命题。在推理过程中，要注意推理的连贯性、传递性，这是讲逻辑的重要体现。推理的形式有归纳推理、类别推理和演绎推理。其中，归纳推理和类比推理是寻找关系、提出命题的过程，演绎推理是证明命题的过程。因此，数学的学习过程总的来说是逻辑推理的过程。在推理过程中兼顾知识研究的一般路径、思想方法的发展路径两个过程的积累，实际上就是要清楚每一步研究的必要性，这样就经历了整体来说的获得数学对象、研究数学对象、应用数学对象解决问题这样一个过程。通过对这个过程的研究，我们大致可以看到从心理加工角度来说，学生需要的是经历怎样一个学习的过程。在进行学习活动设计时，教师要在丰富的情境中寻找适合情境，要设置能够激发学生学习兴趣、具有一定挑战性的学习任务，要能够在推理过程中尤其是逻辑推理过程中发现问题、提出问题，要基于学生特点设置任务具体完成形式，如讲授、独立思考、小组合作等，要预设学生在这些活动中的表现并准备若干解决的方案（方案的准备要基于学生的表现及时进行调整，要调动学生在学习中尽量采取建构学习甚至转换学习），要在课堂上设计活动环节，通过互动取长补短，让学生感受到大家共同研究数学这样一个过程。

整体性教学中的学习活动环节的整体性体现为数学学科学习过程、认知加工过程、学习方式、活动表现这几个维度的一致性，教师要在教学设计过程中有对这几个维度进行考虑并争取保持一致性的意识及做法。

第八章

整体性教学目标与评价

评价或者诊断应该分为课前、课中、课后，即评价应该贯穿整个学习过程，或者说应该贯穿整个教学过程。

第一节　课前评价

——课前要开展对学生认知基础的诊断

每一个新的学习开始前，学生认知结构中往往已经具有同化新知识的认知基础，新知识与学生原有认知图式之间有着千丝万缕的联系。学习者并不是把知识"搬"到脑袋中，而是在已有经验的基础上，通过与外界的相互作用建构新理解。无论是全视角学习理论中所定义的四种学习方式，还是有意义学习，都是从新知识与原有知识之间的加工关系的角度定义的。这是因为新、旧知识之间的融合是学习中非常重要的要素，这也说明，新知识学习的效果在一定程度上建立在旧知识掌握的基础上，或者说建立在两者融合时加工的方式上。学习方式不同，意味着在促进学生对新知识的整合、加工、深度理解、长期保持及迁移应用方面的效果不同，这也是低阶学习方式与高阶学习方式的区别。因此，掌握学生对每一个核心内容的认知基础，对后续教学设计及进一步促进学生的学习都起着至关重要的作用。整体性教学的一个研究重点是如何通过对学习活动的设计，调动发展学生的学习方式，从而通过学习方式的改进，提高学生学习效率发展能力。这就离不开对学习方式的研究。对学生认知基础的诊断自然也成为理解学习内容的一个重要环节。

诊断的方法可以是以日常观察为主的定性分析，也可以是以诊断测试为主的定量分析。教师可以从知识掌握程度和知识理解影响因素两个维度进行深入分析。诊断的目的是呈现学生在学习中真实的认知水平，为教师后续教学设计提供依据。例如，在"幂函数"的教学中就可以在课前设计以下问题。

（1）函数的概念是如何建立起来的？

（2）研究了函数的哪些性质？

（3）为什么研究这些性质？

又如，函数的奇偶性的教学，奇偶性是在学习了函数的单调性之后的又一个函数的性质，单调性研究的必要性、研究的途径、概念的形成等都为奇偶性的研究提供了可借鉴的宝贵经验。因此，在学习奇偶性之前复习单调性的概念形成方法以及研究路径显得非常重要。在奇函数的教学之前可以设计以下问题。

（1）单调性的定义是什么？

（2）单调性的定义是如何形成的？

这些问题既可以使学生有意识地复习旧知识，提炼研究问题的路径，又可以帮助教师了解学生的认知情况，明确下一阶段的教学设计。学生如果对单调性的研究路径非常清晰，就能够说出单调性的概念是通过观察函数的图像归纳得到了不同图像的共同属性，然后借助解析式将图形语言所展示的共同属性转化为自然语言描述，再借助函数的抽象表达 $y = f(x)$ 后用符号语言刻画的过程。在这个研究过程中有数、形两方面的表达，实际上代表了两方面对函数单调性的表达，学生可以体验通过数形结合的方式研究函数概念的过程，体验用符号语言准确表达图形特征的过程。教师通过对学生相关概念、研究路径等方面掌握情况的诊断，可以准确确定奇偶性的教学方案。因此，课前有针对性的诊断对教学设计非常重要，诊断的方向主要体现在旧知识、研究路径、研究方法、研究思路等的回忆方面。

第二节　课中评价

基于全视角学习理论的整体性教学设计是在教学设计中综合考虑多方面的因素，以推动学生学习并实现在学习中会用数学的眼光看世界，会用数学的方式表达世界与思考世界为目标，能够在不同的情境中通过知识迁移实现问题解决。由学至用构成了整个学习过程，在此过程中教师要始终聚焦教学效果，也就是学习评价，并以此为依据为学生下一阶段的学习提供意见和建议，实现个性化学习发展的目标。

一、评价的依据——学习目标

课标指出教学评价是数学教学活动的重要组成部分，评价应以课程目标、课程内容和学业质量标准为基本依据，日常教学活动评价要以教学目标的达成为依据。以上内容从宏观及微观视角给出了评价的依据，因而实际上课中评价的起点始于教学目标。

就整体性教学而言，评价应该源于主题学习目标的制定，如函数的单调性与奇偶性的研究经历了相似的研究过程。单调性作为函数的重要性质，体现了函数值 y 随 x 变化的情况，在研究两个变量的变化关系时，单调性使得变量间的变化关系直观地呈现出来，所以单调性兼具数、形两方面的属性。学习单调性有两个用处：一是可以体会数形结合的思想，二是培养学生运用单调性的知识进行逻辑推理解决问题的能力。研究函数的单调性对于发展学生的逻辑推理、数学抽象、直观想象能力都是非常好的知识素材。单调性的学习承担了第一次经历完整研究一个函数性质的功能的过程，即经历了由函数图像归纳共同属性，然后用符号语言准确描述此属性，继而应用此属性解决问题的过程。可以将单调性的研究归纳为由图形语言到自然语言再到数学语言这样一个过程。最大值与最小值可以看作单调性概念建立起来之后的直观体现和应用。

函数的图像中也有很多具有对称的特征，特别是关于原点对称及关于 y 轴对称。奇偶性可以看作从不同角度沿与单调性相似的研究过程研究函数的性质。经历了单调性的研究，学生就具备了研究一个函数性质的经验，因此在奇偶性的研究中就具备了独立展开研究的可能性。教师在教学中可以提出问题："以上图像具有怎样共同的特征？如何用符号语言准确描述这个共同特征？"然后让学生独立研究之后相互交流研究经验，形成研究结论，得到奇偶函数的定义。学生有可能从图像上点的对称特征入手，也有可能从函数解析式入手，等等。学生多角度地研究必然可以带来之后交流过程中思维的碰撞。这个形式旨在充分调动学生已有的学习经验，给学生独立建构思考的机会。学生再次经历相似的研究过程是对原有认知的充实，研究中奇偶性与单调性又有不同，这又带有顺应学习的色彩，通过交流，实现自我建构经验的共享，这又是交互学习的过程。

教学目标：

（1）经历奇偶性概念的形成过程，提高观察抽象能力以及从特殊到一般的归纳概括能力，感受研究函数性质的一般路径。

（2）能判断简单函数的奇偶性，能运用函数奇偶性的代数特征和几何意义解决一些简单的问题。

（3）通过自主探索，体会数形结合的思想，感受数学的对称美。

在经历以上奇偶函数的学习过程中，学生能否独立展开对奇偶函数的研究，体现了学生对函数单调性的掌握情况及对研究思路、研究方法的认识；在研究过程中，在单调性的掌握基本没有问题的情况下，能否形成自己的想法和观点，体现了学生能否在知识间建立联系，能否有逻辑地思考。因此，这样一个学习过程也是一个很好的评价学生学习效果的过程。

教师除了在一个教材的单元中寻找单元（主题）教学的素材确定单元教学内容及单元教学目标之外，也可以以其他方式确定单元主题。例如，在系统研究了单调性之后，奇偶性也可以完全以类似的路径进行研究，而且可以进一步研究奇偶性与单调性、周期性之间的关系，从而将函数的性质作为一个整体来理解，每一个性质都与其他性质存在一定的联系，这时单元主题是单调性与其他性质的关系。又如，对于单调性的教学，在教材第三章中建立了单调性的概念，之后在研究具体函数（如幂函数、指数函数、对数函数、三角函数）时分别都涉及单调性的概念。在有了以上对单调性的充分理解之后，导数的学习又可以作为工具进一步丰富对单调性的研究。这时可以从方法层面对判断一个函数的单调性做一个系统总结，可以根据定义判断函数的单调性，可以用求导的方法判断更多函数的单调性，可以根据已知函数的单调性判断复合函数的单调性，这时单元主题是不同函数的单调性及用不同方法确定函数的单调性。由此可见，在整个单调性的学习过程中，根据所学数学知识与单调性相关程度的不同，可以确定不同的学习主题，针对不同的学习主题可以进一步给出不同的学习目标，深化对单调性的理解，发展逻辑推理、直观想象、数学抽象等素养。而且，整体性教学并不一定是在一个阶段内将单调性的主题学习进行完，而要随着学习的发展，在不同的学习阶段围绕单调性开展不同的主题学习，在每个阶段中制订递进的学习目标。

由以上分析可以看出，针对不同学习主题，依据主题发展阶段，依据本课内容在主题内容中的地位，可以制订不同的学习目标，这些学习目标要包括核心素养的发展情况等，这些目标的达成情况就是教学评价的依据。

二、课中评价的方法

整个学习过程是由不同的学习活动组成的，在同样的学习活动中，学生将呈现出不同的学习表现。这些表现可以充分体现学生学习方式、知识基础、能力情况等方面的特质，尤其是学生在学习过程中采用了怎样的学习方式。这样就将外显行为的变化同心理结构内隐的变化结合起来了。例如，在记笔记环节，如果学生只能照抄笔记，就是被动学习，如果学生在记笔记过程中能够写出自己的理解或者提出问题，就是主动学习或者建构学习。又如，在小组讨论环节，如果学生只是被动听其他同学的见解就是被动学习，如果能够提出问题参与讨论就是建构学习或交互学习。

基于学习方式的教学观察与指导对学生学习方式的观察要细化到以下几方面。

（1）是否善于把握概念本质，知识的来龙去脉，知识的发生发展，知识的衍生变形。这些在教学中都有体现，也是教学设计的重点。在同样的教学活动中，整体性教学设计旨在通过活动设计指向更高级的学习方式，之后通过学习实现。但是，不同的学生是否采取了所期待的学习方式是教学评价的关键。教师在评价中要根据学生的学习表现和学习成果掌握学生具体的学习情况，然后有针对性地加以指导。这是解决判断学生是否会学问题的根本方法。

（2）是否思考如何落实？学习中困扰学生的往往不是知识本身，而是具体落实过程中非常容易被教师忽视的环节。例如，三角形解有多个的情况如何画图，一些解答题如何书写过程，等等。

（3）是否注意知识之间的联系？能否在逻辑推理的关键点提出问题，并加以解释？

（4）是否注意反思，如提炼某知识运用或错题的收获在错误中学习？

这些都可以成为继续研究的方向，这样才可以实现有针对性地指导学生学习，使学生学会学习，发展能力。

以上评价多由教师在课堂教学中观察学生的表现来进行，并且教师要根据学生的表现尤其是大多数学生的表现及时改变课堂教学的策略。另外，特别需要说明的是，评价不应仅仅是教师的行为，教学中教师还要引导学生对自己的学习进行评价。教师可以制定评价量表，在不同阶段让学生进行自我评价，这样做的目的是让学生意识到自己是学习的主体，要自我总结自己的学习状态和学习方式，并及时做出反馈和调整。评价过程不仅要关注学生的基本知识、基本技能的掌握情况，还要关注学生核心素养的达成情况，因为以上内容融入了课堂学习目标，实际上就是评价学习目标达成情况。除此之外，还要关注学生的学习态度，学习态度是学生投入学习的必要条件，也是学生培养理性精神的必要条件。评价的目的是促进学生积极的学习态度的建立及其对数学学习自信的建立。教师既可以通过课堂观察的方式开展评价，也可以通过教师常用的课堂测试、作业等方式评价课堂学习效果。

第三节　课后评价

整体性教学主张学习是一个由课前预习、课堂学习、课后巩固组成的过程。其中，课后学习兼具消化巩固课堂学习、独立开展学习研究等作用。当然，课后学习也是学习评价的一个视角。课后作业的形式有很多，如课后习题、课后总结、课后探究性作业、课后小论文等。要想通过课后作业实现对学生学习方式、学习态度、知识掌握、素养发展等方面进行评价，非常重要的是课后作业的内容与形式是科学的。也就是说，课后作业可以很好地承担课堂所学并发展课堂所学的功能或者为下节课学习做准备的功能。例如，在任意角的三角函数学习之后，教师可以布置以下作业。

（1）请依据正弦函数及余弦函数的建立过程，在图中建立其他函数，给出合理的函数表达式，并指出你所建立函数的定义域、值域及对应法则。这个作业是依据任意角的正弦函数及余弦函数的建立过程，主动建立新的函数，通过这个方式让学生体会在单位圆的情境中已知函数一般概念后如何抽象建立新的函数，以及如何提炼数学研究对象。

（2）单位圆上任意一点的坐标为（$\cos\alpha$，$\sin\alpha$），请指出 α 的几何意义，如果点的坐标是（$\sin\alpha$，$\cos\alpha$），此时 α 的几何意义是什么呢？

（3）请以正弦函数或余弦函数的定义为依据，尝试研究正弦函数的性质。

（4）请指出正弦函数的单位圆定义与三角比定义及与锐角的正弦函数定义之间的关系。

以上作业教师可以根据课堂教学情况及学生掌握情况选用，也可以设计更多适合学生学习的作业形式。但是，如同每个课堂活动都要有开展活动的目标一样，每个作业都要有明确的意图。之后根据学生在作业中的表现，评价学生的学习态度、课堂学习效果，是否善于逻辑推理，采取何种学习方式等。

第四节　阶段性评价

　　整体性教学评价环节的整体性不仅仅体现在评价与学习目标的一致性、学习活动设计意图与学习方式的一致性、课后作业学习目标与作业评价的一致性等方面，还体现在阶段性学习完成之后学习目标与学习反馈的一致性方面。因此，在一个阶段学习结束之后往往要有对本阶段学习的评价。评价的方式可以是多种形式，如阶段性测验、整个学习阶段的学习表现、评价表等。

　　整体性教学评价为个性化指导提供了依据。基于学生学习的教学，不仅仅是知识传递的过程，更是提升学生学习能力，实现全面发展的过程。这就需要教师不能止步于评价教学目标达成情况及学生学习情况，更要根据教学评价，继而实现对学生学习的个性化指导及对教学的反思、完善。教师可以根据教学反馈，从知识掌握、学习方式、核心素养发展等方面对学生进行进一步指导，从如何更好地促进学习发生等角度反思并完善自己的教学。这样，教学才能够从学习重新回到个人的发展，继而进一步促进学习的有效发生。

　　只有真正基于学生学习角度的教学设计与实施，才可以实现以人为本的教育目标，实现学科核心素养的发展，进一步实现学科的育人价值。

参考文献

［1］克努兹·伊列雷斯．我们如何学习：全视角学习理论［M］．孙玫璐，译．北京：教育科学出版社，2015．

［2］曹才翰，章建跃．数学教育心理学［M］．北京：北京师范大学出版社，2018．

［3］吴永军．关于深度学习的再认识［J］．课程·教材·教法，2019（2）：51—58．

［4］冯茹，马云鹏．基于真正学习的教学设计三维要素分析［J］．教育理论与实践，2019（10）：58—62．

［5］郭华．"教与学永远统一"再认识——教学认识论的视角［J］．四川师范大学学报，2017（1）：75—83．

［6］章建跃，程海奎．高中必修课程中概率的教材设计和教学思考——兼谈"数学核心素养如何落地"［J］．课程·教材·教法，2017（5）：29—35．

［7］章建跃．以数学整体观为指导的课堂教学［J］．中学数学教学参考（中旬），2016（8）：63—67．

［8］盛群力，丁旭，滕梅芳．参与就是能力——"ICAP 学习方式分类学"研究述要与价值分析［J］．开放教育研究，2017（4）：46．

［9］盛群力，丁旭．"ICAP 学习方式分类学"的循证研究［J］．武汉科技大学学报，2018（2）：218—223．

［10］朱先东．指向深度学习的数学整体性教学设计［J］．数学教育学报，2019，28（5）：33—36．

［11］吕世虎，杨婷，吴振英．数学单元教学设计的内涵、特征以及基本操作步骤［J］．当代教育与文化，2016（4）：41—46．

［12］中华人民共和国教育部．普通高中数学课程标准（2017年版）［M］．北京：人民教育出版社，2018．

［13］钟启泉．基于核心素养的课程发展：挑战与课题［J］．全球教育展望，2016（1）：3—25．

［14］李海东．基于核心素养的"立体几何初步"教材设计与教学思考［J］．数学教育学报，2019（2）：8—11．

［15］张慧，张定文，黄荣怀．智能教育时代认知负荷理论发展、应用与展望——"第十一届国际认知负荷理论大会"综述［J］．现代远程教育研究，2018（6）：37—44．

［16］冯茹，马云鹏．基于真正学习的教学设计三维要素分析［J］．教育理论与实践，2019（10）：58—62．

［17］马晓丹，张春莉．两种教育目标分类系统的比较研究及其启示［J］．教育研究与实验，2018（2）：25—29．

［18］化得福．论罗杰斯的人本主义教育思想［J］．兰州大学学报社会科学版，2014（7）：152—156．

［19］刘星伯，郝林晓．梅耶意义学习理论"SOI"模式的科学性探索［J］．江苏第二师范学院学报（教育科学），2016（4）：116—119．

［20］王文智，盛群力．意义学习与教学方式的联系——当代国际教学设计专家梅耶研究透视［J］．浙江外国语学院学报，2012（3）：91—97．

［21］章建跃．构建逻辑连贯的学习过程使学生学会思考［J］．数学通报，2013（6）：5—8．

［22］章建跃．基于核心素养的"三角函数"教材设计与教学思考［J］．中学数学教学参考，2020（1）：50—53．

［23］郭华．带领学生进入历史："两次倒转"教学机制的理论意义［J］．北京大学教育评论，2016（4）：8—188．

［24］郭华．如何理解深度学习［J］．四川师范大学学报（社会科学版），2020（1）：89—95．

［25］郭华．深度学习的五个特征［J］．人民教育，2019（6）：76—80．